LA EDAD MEDIA

Andrea Bachini
Ilustraciones de Alessandro Balda....,
Inklink, L.R.Galante

EDITEX

DoGi

Es una realización de DoGi spa, Florencia, Italia.

Título original:
Il Medioevo
Texto: Andrea Bachini
Ilustraciones: Alessandro Baldanzi
Inklink, Florencia
L.R. Galante, Florencia
Andrea Ricciardi
Editor: Benedetta Zini
Proyecto gráfico: Sebastiano Ranchetti
Maquetación: Sebastiano Ranchetti
Sansai Zappini
Traducción: Cálamo & Cran

Para la edición en España y países de lengua española:

© **Editorial Editex, S. A.**
Avda. Marconi, Nave 17. 28021 - Madrid
I.S.B.N.: 84 - 7131 - 906 - 3
Número de Código Editex: 9063
Impreso en Italia - Printed in Italy

Sumario

OCCIDENTE RODEADO

Desde el siglo V al X, finalizado el dominio de Roma sobre el Mediterráneo, grandes migraciones modificaron el mundo. Durante la Alta Edad Media europea, las civilizaciones de Bizancio, del Islam y de China hicieron sombra al Occidente cristiano.

La Pax Romana

Tras la mitad del siglo I a.C. los romanos ya habían conquistado todas las tierras en torno al Mediterráneo, al que llamaban con justificado orgullo *mare nostrum*. De Britania al Asia Menor, de las orillas del Océano Atlántico a las del Mar Negro, las legiones de Roma habían impuesto una ley común, el derecho romano, y largas vías empedradas ponían en comunicación todos los puntos del Imperio. La agricultura y la artesanía disponían del mercado más amplio que hasta entonces hubiese existido. Ya desde hacía tiempo, con las conquistas de Alejandro Magno en el siglo IV, el arte y la cultura de los griegos se habían difundido plenamente; con las conquistas de Roma, helenismo y romanismo se habían fundido sucesivamente dando unidad cultural al Mediterráneo; pero aunque en Occidente, de lengua latina, la

Ostia y el Tiber
Un canal unía el puerto marítimo al Tiber. Las naves navegaban por el rio hasta atracar en el puerto fluvial de la ciudad.

Ostia
Su desarrollo como centro comercial y puerto de Roma la llevó a ser en época imperial (s. I y II d.C.) una ciudad de cerca de 40 00 habitantes.

LA ROMA IMPERIAL
En el período de su máximo esplendor, a Roma afluían mercancías y personas de todas las partes del Mediterránáo. La puerta de entrada estaba representada por el puerto. Ostia, próximo a la hoz del Tiber, cerca de unos veinticinco kilómetros al suroeste de la ciudad.

identidad venía principalmente marcada por Roma, en las tierras de lengua griega se guardaban orgullosamente las formas culturales orientales. Desde el siglo I d.C. se había iniciado una época esencialmente de paz: la *Pax Romana*. Comenzó a difundirse precisamente entonces una nueva religión, el cristianismo, que proponía la igualdad en una sociedad cuya economía se fundaba en la esclavitud. Esta se había difundido entre los estratos más humildes y pobres de la población y, a pesar de la tradicional tolerancia religiosa de los romanos, algunos emperadores romanos persiguieron a los cristianos precisamente por razones políticas. Más tarde, desde el siglo IV, se convirtió en la religión oficial del Imperio, difundiéndose también entre las clases más altas y, por lo tanto, constituyéndose en un posterior motivo de cohesión interna. Pero ya a partir de la mitad del siglo III

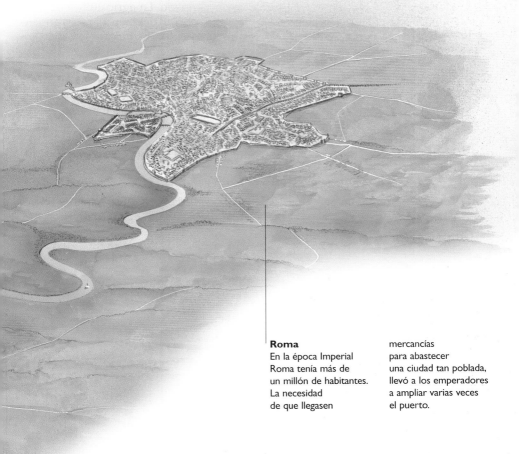

Roma
En la época Imperial Roma tenía más de un millón de habitantes. La necesidad de que llegasen mercancías para abastecer una ciudad tan poblada, llevó a los emperadores a ampliar varias veces el puerto.

EL PUERTO DE OSTIA
Las naves que atracaban
en él transportaban esclavos,
ámbar y pieles del Norte
y de Oriente; oro, madera
preciada, grano y marfil de África.

Las embarcaciones
Una embarcación
romana tenía
una longitud
de 18 metros y
una cabida de 50
toneladas. Podía
contener más
de 20 000 litros
de vino y 500
ánforas.

Las mercancías
Una vez que
llegaban al puerto eran
cargadas en
embarcaciones más
pequeñas, las *codicariae*,
que navegaban por
el Tíber hacia Roma.

d.C. Roma había empezado a encontrar dificultades en todas las fronteras de su inmenso Imperio que comprendía los territorios europeos, los del norte de África y de Asia. La disminución de la lealtad hacia el Estado y de la unidad del ejército, la inestabilidad política y las crisis económicas y financieras determinaron la decadencia de Roma. Creció la presión de las poblaciones establecidas en los confines. Los griegos primero y los romanos después habían llamado bárbaros a todos aquellos que no hablaban su lengua y tenían culturas diferentes a las suyas. Sin embargo, estos mismos bárbaros, a medida que se iban instalando en los territorios del Imperio, comenzaban a tener un papel cada vez más activo en el interior del propio ejército romano. Entre tanto el gran emperador Constantino (312-337 d. C.) había introducido algunas de las trazas fundamentales de lo que sería el mundo tras la época del Imperio romano. Después de haber concedido la libertad de culto a los cristianos, había afrontado, en el curso del Concilio de Nicea del 325, las controversias doctrinales que separaban a los cristianos occidentales de los orientales. Además construyó, a orillas del Bósforo, en el lugar donde surgía la antigua ciudad de Bizancio, una nueva capital, que en su honor había tomado el nombre de Constantinopla y que, posteriormente, tras la división entre Oriente y Occidente tendría una gran importancia. En aquellos siglos también tenía lugar una transformación social en la principal actividad económica, la agricultura: los esclavos, la fuerza productiva fundamental, escaseaban cada vez más. Los trabajos

La plaza central
Estaba circundada por un pórtico. En él se encontraban las oficinas de los comerciantes y de las asociaciones de oficios: suministradores de aparejos navales, cordeleros, pesadores de grano, etc. En Ostia se almacenaban también las reservas de productos —grano, aceite y vino— que no podían ser inmediatamente consumidas por la ciudad de Roma.

los realizaban en su lugar los colonos, libres como personas pero vinculados hereditariamente, de padre a hijo, a la tierra.

Después del emperador Teodosio (379-393 d.C.), la división del Imperio en dos partes se convirtió en un hecho político: la parte oriental en poco tiempo empezó a seguir su propia trayectoria y logró desviar hacia la parte occidental la presión de las poblaciones externas. Estas franquearon cada vez en mayor número los confines del Imperio, hasta que, en los últimos treinta años del siglo, su presión causó el hundimiento definitivo de las estructuras políticas del Imperio romano de Occidente (476 d.C.).

Pero, ¿cuáles eran los pueblos que habían hostigado al Imperio?

Los germanos

A lo largo de la frontera septentrional del Imperio se habían establecido algunas poblaciones de la familia indoeuropea, conocidas por los romanos desde los tiempos de Julio César (s. I a.C.). Similares en los usos y costumbres, los germanos practicaban la agricultura en tierras de propiedad del grupo tribal; y Julio César juzgaba que lo hacían así para que ninguno tomase apego a la tierra y acumulase excesiva riqueza. La crianza de ganado vacuno y porcino era más importante que el cultivo. Eran «semi-nómadas» que a menudo se desplazaban hasta el interior del territorio tribal. Entre ellos, durante los s. II-III d.C., estaban los alemanes, los visigodos, los sajones, los anglos, los bávaros y los francos. Su cultura era oral y su religión todavía primitiva: adoraban a los astros, veneraban las piedras, los árboles, etc.,

Las valquirias
Las valquirias son seres semidivinos, una especie de ángeles de la guarda. Descienden a caballo al campo donde los héroes combaten para acompañarles en la victoria o, en caso de derrota, conducirles al Walhalla, el paraíso de los guerreros, según la voluntad del dios Odín.

EL MITO DE LOS GERMANOS
El mito de Sigfrido, que mata al dragón, se escribió en el siglo XIII pero está inspirado en una vieja leyenda nórdica transmitida oralmente. Una vez robado el oro del Rin a los nibelungos es finalmente custodiado por el dragón: el príncipe Sigfrido lo mata y se apodera del oro.

Los nibelungos
Criaturas del subsuelo, trabajan los metales y custodian los más valiosos.

El dragón Fafner
En su origen era un gigante. Los gigantes, en la mitología germánica, eran las divinidades del mal.

Sigfrido
Es el héroe, de una fuerza y una belleza inigualables, que mata al dragón para apoderarse del oro del Rin.

El tesoro
Se lo habían robado los gigantes a los nibelungos.

LAS MIGRACIONES GERMÁNICAS, ESLAVAS Y HUNAS

Entre los siglos V y VI, bajo el impulso de poblaciones nómadas de Asia, poblaciones germánicas y después, desde el siglo IX, poblaciones eslavas modificaron profundamente el panorama étnico de Europa.

Germanos de las riberas y de las estepas

Primero fueron los sajones, frisos y daneses. Los segundos fueron los godos, desde el s. III d.C. situados en torno al Mar Negro y el bajo Danubio.

Bretaña

Los romanos dejaron en el 407 d.C. la isla, la cual volvió a manos de sus viejos habitantes. A partir del siglo V la ocuparon jutos, anglos y sajones dando vida a una decena de reinos.

Los francos

Unificaron los territorios de la Galia y, desde el siglo VI, con el rey Clodoveo, se extendieron desde las regiones del Rin hasta los Pirineos, el Mediterráneo y el Danubio.

Los visigodos

Fieles a Roma, salvaron Occidente de los hunos y después echaron a los vándalos de España.

Ostrogodos y longobardos

En el siglo VI se sucedieron en la ocupación de Italia.

Los longobardos, provenientes de la Panonia, fueron derrotados por los francos en el siglo VIII.

Los vándalos

Expulsados de España desembarcaron en África, fueron los únicos que se equiparon con una flota.

Escotos

Jutos

Anglos

Frisones

Sajones

Burgundios

Britanos

Alemanes

Longobardos

Vándalos

Francos

Ostrogodos

Vándalos Alanos 406-409

Visigodos 410

Visigodos 507-711

Vándalos Alanos 409-429

Vándalos Alanos 439-534

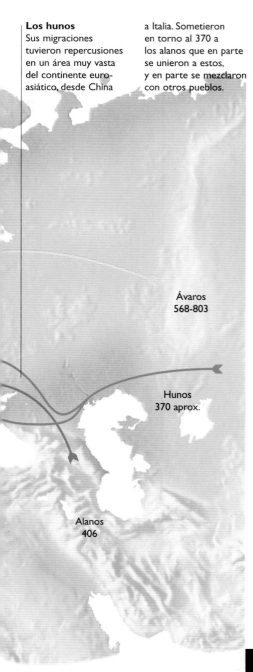

Ávaros
568-803

Hunos
370 aprox.

Alanos
406

elementos vinculados a su habitat, es decir, el bosque. Trabajaban poco el hierro y sólo para producir armas: de hecho, la guerra era un estado permanente para las tribus germánicas que a menudo llevaban a cabo incursiones y saqueos en los territorios circundantes. El tema de la guerra y de la violencia son referencias recurrentes en sus mitos. Los germanos tenían una estructura política basada en el clan, una especie de familia ampliada que constituye la célula social y económica de su sociedad. De los romanos las tribus germánicas habían aprendido poco a poco técnicas agrícolas más avanzadas. Aquellos que habían penetrado en el Imperio rápidamente buscaban asimilarse a los romanos, en cuyo sistema militar e institucional se presentaba la oportunidad de obtener honores y riquezas que ninguna sociedad bárbara ofrecía. En el margen oriental de los asentamientos germánicos y en las llanuras de la Rusia Meridional, se había verificado, en época imperial, el choque entre germanos y nómadas centro-asiáticos que transformó profundamente algunas estirpes, ostrogodos, burgundios, vándalos, gépidos y en parte los longobardos, que asumieron la denominación de germanos orientales y que rápidamente tomaron de los nómadas el uso del caballo como medio de combate.

Los hunos

La superioridad militar de los nómadas centro-asiáticos dependía desde hacía tiempo del uso del caballo, de la habilidad con el arco, de la disciplina y de la sabia aplicación de las tácticas guerreras de la falsa retirada y la emboscada. En el

La cultura artística de los reinos romano-germánicos fue una síntesis entre la antigua cultura romana y la más joven cultura germánica.

La cruz
La cruz es el signo de la cristianización de las poblaciones germánicas. Tesoro de Guarrazar (Toledo). Cruz votiva gótica de oro y piedras preciosas (siglo VI-VII).

El águila
Los pueblos nórdicos atribuían un carácter sagrado a la naturaleza y creían en el valor mágico de las piedras preciosas: insignias y armas estaban cargadas de estas, de modo que sugestionaran al enemigo y le venciesen. Fíbula de oro con almandinas, en forma de águila (siglo VI-VII). Nüremberg, Germanisches Nationalmuseum.

 siglo IV el pueblo de los hunos agitó Asia y Europa. Invadió las fértiles llanuras de la China Septentrional y realizó incursiones en la India Septentrional. Algunas tribus se enfrentaron, en Europa Oriental, con los germanos del Este provocando migraciones en cadena hacia Occidente. Los hunos eran tribus del conjunto de los pueblos turco-mongoles de las estepas centro-asiáticas. Su organización, la horda, era un conjunto de tribus migratorias vinculadas a un jefe. Atila, que vivió en la segunda mitad del siglo V, tuvo fama de ser el más cruel de estos jefes. Una aristocracia guerrera constituía el grupo dirigente. La horda, tan temible en su impulso migratorio, no se adaptaba a formas de vida estables en los territorios invadidos. La cultura histórica occidental hace que se remonte convencionalmente a las migraciones y a las

Arte merovingio
Botellas de vidrio del siglo V provenientes de la provincia de Oise (Museo Nacional de la Antigüedad de St. Germain en Laye). Con la dinastía de los reyes Merovingios, las poblaciones francas llegaron a la unidad política.

La fusión de estilos
La iglesia visigótica de San Juan Bautista de Baños (siglo VII-VIII), en España, es la fusión de estilo arquitectónico mediterráneo con elementos decorativos germánicos. Esto testimonia que la fusión de los pueblos fue también una compenetración de estilos y de ideas.

invasiones de los pueblos germánicos y de los nómadas centro-asiáticos el paso de la época tardo antigua a la Edad Media. Fue una gran mezcla étnica y cultural: si en las viejas provincias romanas de Europa Central y Oriental, a lo largo del Danubio y hasta el Mar Egeo, las culturas bárbaras se impusieron, en Italia, España, Galia, en general en Occidente, ocurrió el fenómeno opuesto: la romanización de los bárbaros.

Los reinos romano-germánicos
La penetración de los pueblos germánicos en los confines del Imperio romano dio origen a diversos reinos: los vándalos en África, los visigodos en España, los francos en Galia, los anglos, los jutos y los sajones en Inglaterra y los ostrogodos en Italia constituyeron los principales y más duraderos asentamientos. Estas incursiones fueron más una serie de migraciones violentas, con episodios de

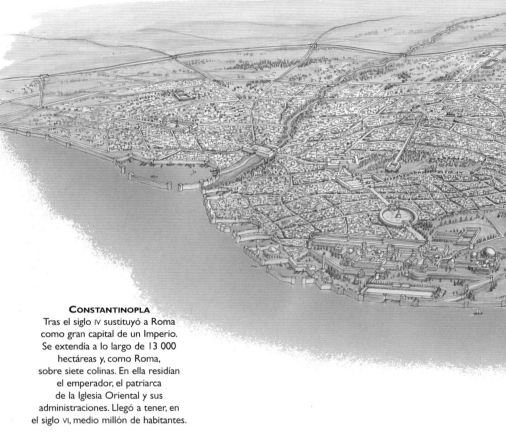

saqueos salvajes por parte de pueblos que habían quedado fascinados por las ciudades de piedra y ladrillo y por un estilo de vida refinado, que una verdadera conquista militar. Fue, finalmente, más una fusión de pueblos que el dominio de un pueblo sobre otro. Los germanos se hicieron cristianos, no intentaron derribar los fundamentos de la sociedad romana, puesto que lograron que funcionase esa sociedad, sino situar a sus propias elites guerreras en posiciones de poder en los aparatos administrativos romanos. El reino de los vándalos fue el único en el que no se llevó a cabo la colaboración entre germánicos y población local. Los vándalos eran cristianos de rito arriano y persiguieron durante mucho tiempo a los católicos.

En los reinos romano-barbáricos decayeron los fundamentos económicos e institucionales con los que se regía la sociedad urbana, se formó una organización social cuyo centro de gravedad prevalecía en el campo. La esclavitud se sustitu-

Santa Sofía
La más espléndida iglesia
de Oriente fue
construida entre el 532
y el 537, sobre planta
cuadrada, por más
de diez mil obreros.

yó cada vez más por la relación de subordinación típica de los señoríos rurales: los campesinos estaban sometidos a patrones-señores dotados de poder de mando y de capacidad de protección militar.

El Imperio bizantino

La parte oriental del Imperio romano estaba ya separada políticamente desde el final del siglo IV de la occidental y resistió a las migraciones. Tenía un gran poder económico gracias también a su muy favorable posición geográfica.

Constantinopla era el punto natural de encuentro de las rutas comerciales entre el mundo asiático y el mundo occidental y allí se estaban desarrollando las actividades artesanales más importantes, sobre todo aquellas tocantes a los productos de lujo como la joyería y las manufacturas textiles. En la red comercial las telas de Bagdad, las preciadas sedas chinas y las piedras preciosas indias tenían su destino natural en Constantinopla. Los emperadores de Oriente lograron realizar pactos con los invasores hunos y germánicos ofreciéndoles grandes riquezas y desviaron la furia migratoria hacia Occidente. El Imperio bizantino recuperó y revalorizó su cultura griega, lo que constituyó un factor de unidad cultural y lingüística que contribuyó no poco a darle una solidez y estabilidad milenaria. El Imperio de Oriente organizó su propia e inmensa estructura estatal y elaboró una política propia. La figura más resplandeciente de los primeros siglos del Imperio fue sin duda el emperador Justiniano (527-565 d.C.). Él intentó restablecer los fastos del antiguo Imperio romano. Realizó una reordenación del Derecho y de las leyes romanas recogidas en el *Corpus Iuris Civilis*, obra inmortal que influiría en el derecho de los siglos venideros. También intentó una reconquista militar de Occidente frente a los reinos romanogermánicos, un gran esfuerzo que sin embargo resultó efímero.

EL EJÉRCITO DE LOS SASÁNIDAS
La fuerza rompedora del Imperio sasánida estaba constituida por su organizadísimo y eficiente ejército.

En tercera línea
Detrás de las dos formaciones de choque se encontraban los elefantes.

En segunda línea
Justo tras la caballería pesada se encontraba la caballería ligera de los arqueros pertenecientes a la baja nobleza.

El Imperio sasánida

En los confines orientales, una amenaza constante para el Imperio romano, desde la conquista de Grecia en el siglo II a.C., había estado representada por el reino de los partos, herederos del gran Imperio persa destruido por Alejandro Magno en el siglo IV a.C., que se extendía desde el altiplano iránico hasta Mesopotamia y los confines de la actual Siria. En el 227 d.C., la dinastía arsácida que dominaba el reino de los partos había sido suplantada por la nueva dinastía sasánida, de pura ascendencia persa. La política de los sasánidas, respecto a la de los partos, supuso un gran cambio en el sentido político, el cultural y el religioso. La nueva dinastía realizó una restauración completa de la cultura, de la estructura administrativa, de los programas políticos y de la religión del antiguo Imperio persa, haciendo desaparecer todas las innovaciones introducidas tras la conquista de Ale-

En primera línea
Se encontraba
la caballería pesada
acorazada,
compuesta por
los nobles iránicos.

Un bajorrelieve
El emperador persa Shapur triunfa sobre los emperadores romanos Gordiano III (pisoteado por el caballo), Filipo el Árabe (desarmado por el emperador que le sujeta de la mano). Es evidente el valor simbólico de la escultura que exalta la victoria y humilla al enemigo. Bishapur (Irán) segunda mitad del siglo III d.C.

LAS GRANDES CIVILIZACIONES ASIÁTICAS

Durante la Alta Edad Media europea en Asia los nómadas turco-mongoles amenazaban a los pueblos establecidos en los confines. A pesar de las crisis y la inestabilidad, China, Japón e India atravesaron épocas espléndidas.

LA IMPRESIÓN

Es el primer método de reproducción de la escritura, difundido en China a partir del siglo VIII.

La India

Los gupta construyeron un imperio unitario del 320 al 550, al que siguieron otros reinos de cultura hinduista. Después la historia de la India se caracterizó por la ausencia de unidad y la resistencia hinduista a la expansión musulmana. En el dibujo, templo hindú de Khajauraho, en el norte de la India (siglos X-XI).

1. Se tallan caracteres sobre una piedra.

2. Se aplica sobre la piedra una hoja de papel húmeda.

El papel

Junto a la tinta (una mezcla de carbón de madera de abeto y cola vegetal) el papel se producía en China desde el siglo II.

jandro Magno y en la época de los partos. Se impuso un particular respeto absoluto por la doctrina de Zaratustra, el antiguo profeta y padre de la religión de los medos y de los persas. El cambio de régimen derivó en una política agresiva hacia los romanos. En torno a la mitad del siglo III, el rey Shapur I había derrotado, hecho prisionero y asesinado al emperador romano Valeriano. En el siglo V, el rey de Persia era considerado uno de los mayores soberanos del mundo junto con el emperador romano de Oriente, se le consideraba temible como los jefes de los grandes pueblos nómadas de Asia Central y poderoso como el emperador de China.

China

En los límites orientales del mundo conocido entonces por los europeos, también el gran Imperio chino había sentido las consecuencias de los desplazamientos de los grandes pueblos nómadas centro-asiáticos y para defenderse de estos, a finales del 200 a.C., se había iniciado la construcción de una gran muralla, con una longitud de más de 4 000 kilómetros. Entre el 206 a.C. y el 220 d.C. había reinado la dinastía de los Han que le daría a China la forma imperial que duraría hasta el primer decenio del siglo XX. Tras el derrocamiento del último emperador Han, el Imperio chino se había dividido en tres partes y había comenzado un período de decadencia, mermado por las invasiones hunas y por guerras civiles. Fue el período en el que

4. Se pasa por encima del papel secante un tampón de seda empapado en tinta.

3. Con un pequeño martillo revestido con tejido se presiona el papel contra la piedra.

Japón
El emperador Temmu (673-686) fijó en Nara la primera capital estable: entre los grandes templos budistas emergió el de Todaji, donde destacaba la estatua dorada de Buda. El budismo había sido introducido por China desde el 587. Arriba, el gran Buda de Nara (siglo VIII).

se difundió cautamente en China la religión budista, originaria de la India. En el 618 subió al poder la dinastía de los T'ang que llevó al Imperio, a las puertas del año 1 000, al más alto esplendor. Las conquistas militares en la India, en Asia Central y en Afganistán y la difusión del budismo, de la cultura y de la lengua china en Corea y Manchuria crearon una ecúmene china que sobrevivió mucho más que la dinastía que la había promovido. En este período de su historia, China estuvo insólitamente abierta a los contactos comerciales con el extranjero. La porcelana china era muy apreciada en todo Oriente Medio. Las refinadísimas sedas eran productos de lujo requeridos en los mercados de Constantinopla, vendidos en Bagdad y en el norte de Europa. El arte de fabricar el papel se difundió por todo el mundo islámico precisamente en esta época, a partir de las técnicas aprendidas de prisioneros chinos capturados. Ch'ang-an, la capital de la China de los T'ang, era la ciudad más grande de Asia, superando incluso a Bagdad, capital del Imperio islámico abasí, que precisamente en ese período alcanzaba la cima de su esplendor.

El islam

El nacimiento del islam fue el evento más importante de la historia mundial, dentro del milenio que media entre la caída del Imperio romano de Occidente y el siglo XVI, inicio de la época de los grandes descubrimientos. Las tribus nómadas de los beduinos dispersas por la península Arábiga encontraron en la religión islámica –fundada por el profeta Mahoma en el siglo VII– un potentísimo

JERUSALÉN
Es la tercera ciudad santa del islam después de La Meca, donde nació Mahoma en el 570, y Medina, ciudad que lo acogió sucesivamente. La religión islámica dice que en Jerusalén, en el lugar donde ahora surge la Mezquita de Omar, Mahoma ascendió al cielo.

La cúpula de la roca
Denominada también Mezquita de Omar, fue construida en el 691. Surge en la explanada donde se encontraba el templo de Salomón, destruido por los romanos en el 70 d.C.

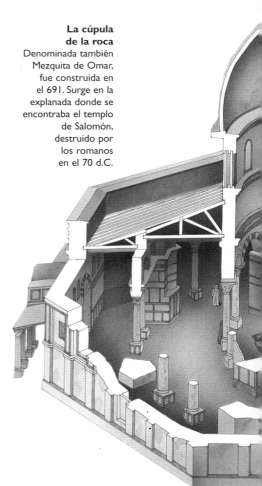

El Corán

El libro sagrado de la religión islámica es el Corán, que recoge los mensajes de Dios transmitidos oralmente por Mahoma. Algunos discípulos los recogieron en 114 capítulos, denominados sure, que indican al hombre el camino para la salvación eterna. Página de un Corán miniado de época mameluca (1252-1517), Kuwait, Museo del Atàr al-Islamiyya.

Los deberes

El musulmán debe respetar cinco obligaciones fundamentales:
1) La profesión de fe a Alá como único Dios verdadero.
2) Orar cinco veces al día y en la mezquita todos los viernes.
3) La obligación de ayuno desde el amanecer hasta la puesta de sol en el mes del ramadán.
4) Dar limosna a los pobres.
5) El peregrinaje a la Meca al menos una vez en la vida.

BAGDAD

La espléndida capital del Imperio abasí, actual capital de Iraq, fue fundada en el 762 por el califa Al-Mansur (754-775).

La ciudad

Como muchas ciudades musulmanas Bagdad creció de modo desordenado en torno a la mezquita principal y los diversos mercados (*suq*). Las estrechas callejuelas rebosaban de tiendas y pequeños talleres.

Las mercancías

En los mercados musulmanes, las mercancías y los productos se vendían al aire libre. Se encontraban productos de lujo (seda, maderas caras, piedras preciosas, perlas, perfumes, especias, colorantes, marfil, oro, esclavos...) y productos alimenticios. Eran muy buscadas las telas de calidad como los damascos (tejidos típicos de Damasco, de algodón o seda) y los tejidos de algodón, seda o lana típicos de Mosul.

elemento de unión cultural, lingüística, política y económica.

En menos de un siglo la influencia del islam árabe se extendió por un territorio que iba desde España hasta los confines del Imperio chino, de los montes del Cáucaso al desierto del Sáhara, presionando al Imperio bizantino y destruyendo el Imperio persa de los sasánidas. Constantinopla sufrió dos asedios, en el 673 y en el 717. Al princi-

pio el islamismo no se preocupaba de hacer fieles. Mahoma respetaba el judaísmo y el cristianismo y consideraba a Abraham y a Jesús sus predecesores. Hebreos y cristianos fueron libres para practicar sus cultos, con tal de que pagasen los impuestos requeridos. Tras Mahoma, el poder político y religioso fue gestionado por los califas, sus sucesores, los omeyas (661-750) que establecieron su capital en Damasco, en Siria,

Las mil y una noches
Uno de los califas de la dinastía abasí, Harun ar-Rashid (746-809) es el héroe de muchas narraciones de *Las mil y una noches*, el libro árabe más conocido. A esta colección de cuentos, redactados de forma definitiva en el siglo XIV, la civilización abasí ha contribuido con el patrimonio de historias que tenían como centro Bagdad. Al lado, una escena de palacio abasí en una miniatura del siglo XIII.

fueron los que realizaron las conquistas territoriales más importantes.

Aun controlando un imperio tan vasto, el mundo musulmán estaba dividido por las luchas político-religiosas y por tendencias a la autonomía, que desembocaron en el año 750 en una revuelta armada dirigida por la familia de los abasís que, apoyada por los persas, se apoderó del califato manteniéndolo en su poder hasta 1258. La unidad del islam se rompió. Los omeyas se refugiaron en España donde dieron vida a un reino independiente con capital en Córdoba; en África del Norte se formaron otros reinos independientes bajo la dinastía de los fatimitas con capital en El Cairo, Egipto; los abasís situaron su propia capital en Bagdad.

La rápida expansión del islam y el encuentro con la realidad del Imperio bizantino y del sasánida habían hecho que, al principio, los modelos administrativos y de gestión del poder, e incluso las lenguas utilizadas en los actos públicos, fuesen el griego, el copto y el iraní. Con la consolidación de la influencia y de la población árabe, la lengua árabe se difundió y se acuñaron las primeras monedas de oro y de plata musulmanas en sustitución de las bizantinas que aún circulaban (aprox. 700 d.C.). El uso de un idioma común y de una administración centralizada sería de ahí en adelante una característica de las construcciones políticas del mundo musulmán. Nacieron y se desarrollaron grandes y espléndidas ciudades donde floreció una espléndida cultura que, en contacto con el mundo helenístico, difundió traducciones de las obras de Aristóteles, Hipócrates, Galeno, Euclides y Tolomeo. Los árabes realizaron contribuciones especiales en los campos de la astronomía y de las matemáticas. Su ciencia y su tecnología tuvieron gran influencia en la maduración cultural de la Europa de algunos siglos más tarde. Las cifras que actualmente utilizamos para contar se denominan precisamente «arábigas» y el concepto de cero, fundamental para el cálculo, es de herencia árabe.

El Occidente cristiano

Entre los siglos V y IX, el Occidente europeo, gracias a una feliz síntesis de la tradición militar germánica y de la civilización greco-romana, adquirió connotaciones propias y originales entre las que destacó el papel cultural y político de la religión cristiana. Al principio el cristianismo fue un fenómeno prevalecientemente urbano, mientras los cultos paganos continuaban arraigados en el campo. Después, en el período sucesivo

Montecasino
Surge sobre la cima de un monte, entre Roma y Nápoles. Fue fundada en el 529 por San Benito −figura de cuya existencia dudan algunos historiadores− sobre el lugar donde surgía un templo pagano dedicado a Apolo.
El santo construyó una vivienda para sus monjes y un oratorio.

El granero

Los huertos

LA ABADÍA BENEDICTINA
La abadía inspirada en la orden de San Benito era un organismo complejo y capaz de mantenerse por sí mismo, con todas las actividades propias de un importante centro económico y comercial.

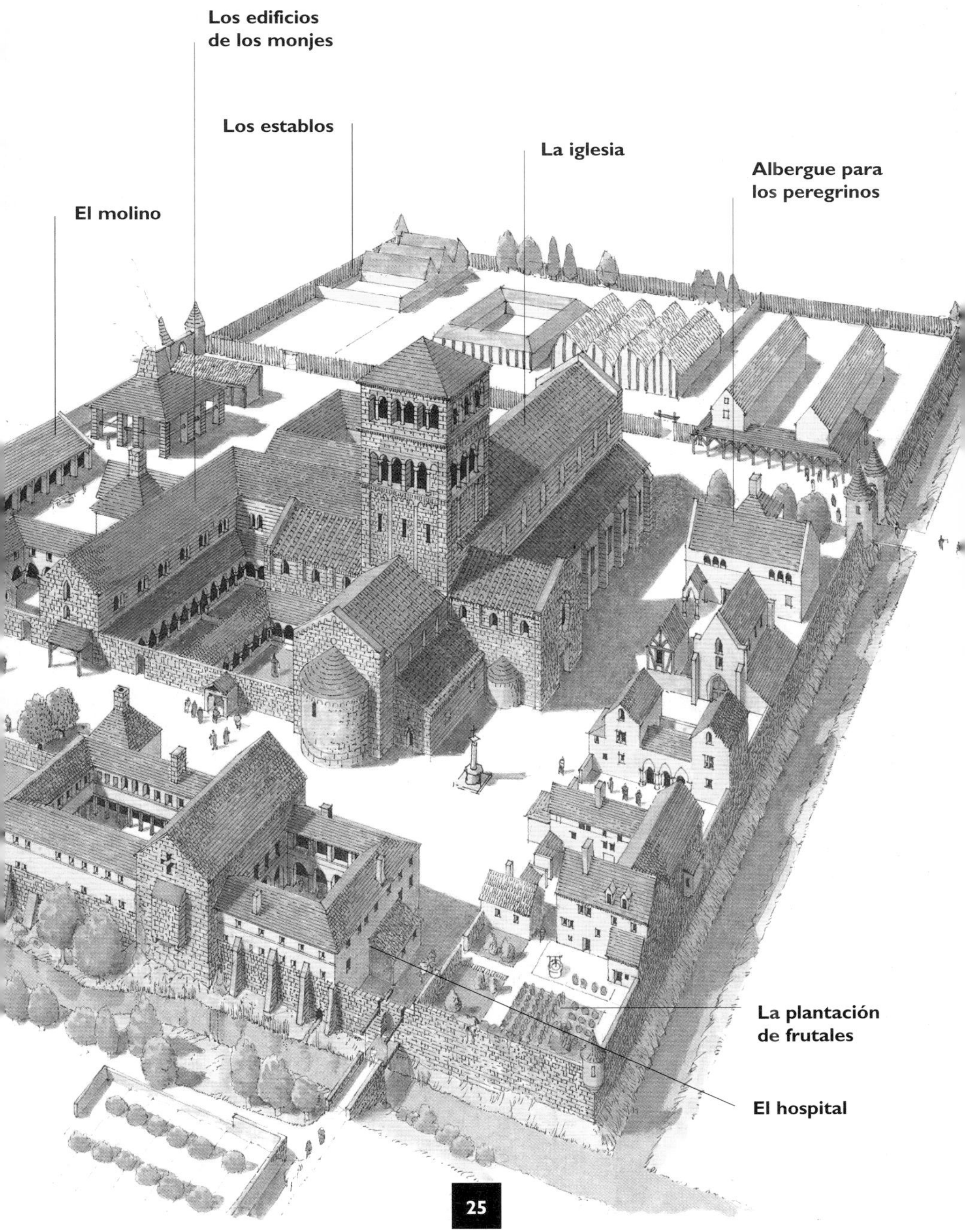

Los edificios
de los monjes

Los establos

La iglesia

Albergue para
los peregrinos

El molino

La plantación
de frutales

El hospital

25

al derrumbe de la estructura política del Imperio romano, se difundió en muchas de las regiones que habían formado parte del mismo. Para llenar el vacío de autoridad, estaba la Iglesia, que ya se había procurado una organización jerárquico-territorial modelada en relación a las circunscripciones administrativas romanas y basada en la figura del obispo, cabeza del clero y maestro de los fieles. Su autoridad se extendía sobre la ciudad en la que residía y sobre el territorio que dependía administrativamente de ella, es decir, la diócesis. Durante toda la Edad Media europea, obispos y ciudades formarán un binomio indivisible. La Iglesia se sirvió de la antigua estructura administrativa del Imperio para crear la suya. Las grandes ciudades de Oriente –Jerusalén, Antioquía, Éfeso, Corinto– fueron importantes sedes episcopales; pero fue el obispo de Roma, el Papa, el que tuvo supremacía y se convirtió en cabeza de la Iglesia como sucesor directo de San Pedro, hasta que las diferencias doctrinales separaron las Iglesias de Oriente y de Occidente.

Una gran importancia en la expansión del cristianismo, incluso en el campo, en salvaguardar el patrimonio cultural de la Antigüedad clásica y en la transmisión de saber, la tuvo el fenómeno del monacato de San Benito de Numia (480-549). El monacato (del griego *monachòs*, es decir, único, solo) era un fenómeno que había surgido en los desiertos de Egipto y se difundió en Oriente en forma eremítica –de aislamiento individual– y se desarrolló cada vez más en Occidente en forma cenobítica –de vida en común–. En los monasterios inspirados en la

LA BATALLA DE POITIERS
El 17 de octubre del 732, en la Francia sur-occidental, un ejército de cerca de 6 000 francos, bajo el mando de Carlos Martel, derrotó a un mismo número de árabes bajo el mando de Abd er Rahaman. Según algunos historiadores esta batalla había parado la expansión árabe en Occidente.

Abd er Rahaman
Gobernaba España, en la cual los musulmanes estaban establecidos desde el 711. Su derrota en tierras francesas contribuyó en parte a convencer a los reyes musulmanes de la dinastía de los omeyas de que no debían expandir más allá de los Pirineos sus conquistas.

La caballería franca
Estaba formada por escuadrones. Se podía mover más fácilmente que la infantería y se había hecho temible gracias al uso de los estribos –por otra parte ya conocidos por los bizantinos y los musulmanes–, que mantenían al caballero más firme sobre la silla y le permitían cabalgar con más fuerza con la lanza en la mano.

Carlos Martel (689-741)
De maestro de palacio en Austrasia, que era uno de los reinos en los que se estructuraba el Reino Franco fundado por Clodoveo a finales del siglo V, Carlos Martel pasó a ser el verdadero amo del reino. Sin embargo el paso oficial de la dinastía fundada por Clodoveo (los Merovingios) a la de los Pipinidos (después llamados Carolingios) tiene lugar con uno de los hijos de Carlos Martel, Pipino el Breve.

Los infantes francos
Se protegían con grandes y pesados escudos en forma de gota.

orden de San Benito –*ora et labo-ra*, reza y trabaja– pacientes copistas salvaron de la destrucción obras y manuscritos del mundo clásico. Fueron los monjes agricultores los que empezaron a arar los terrenos, a transformar los pequeños huertos en establecimientos agrícolas contribuyendo sucesivamente a la repoblación y a nuevas formas de vida organizada.

En algunos casos la religión cristiana se difundió pacíficamente, como en las Islas Británicas donde operaron muchos misioneros; en otros casos con una violencia enorme, como en Sajonia, gracias a las armas del que se había convertido en el más potente reino de los romano-germánicos, el de los francos.

El Renacimiento carolingio

En el año 800 Carlomagno, rey de los francos, recibió del Papa la corona del Sacro Imperio Romano. De hecho, la idea de un gran imperio universal no se había desvanecido con la caída del Imperio romano de Occidente. Antes bien, el Emperador romano de Oriente se consideraba obviamente el legítimo heredero de aquella dignidad soberana ya lejana en el tiempo, pero reinaba sólo sobre la parte griega de aquel territorio. El imperio de Carlomagno era un Imperio franco-católico, cuyo centro ya no era el Mediterráneo sino el valle del Rin y él mismo, Carlomagno, que era un bárbaro. La noción de «Sacro Imperio Romano» tendría una larga vida: ratificaba la unión entre la autoridad civil y la religiosa; una alianza que ocasionó de ahí en poco tiempo graves conflictos, porque hacía más inciertos los confines entre las competencias de un Emperador que era también

Los sarracenos
A partir del siglo IX, las poblaciones musulmanas de África del Norte realizaron incursiones en las costas europeas desde donde avanzaban hacia el interior. Roma fue víctima de una incursión sarracena en el año 846.

En Francia
En torno al 890, un grupo de sarracenos provenientes de España atracó en una pequeña aldea de la Costa Azul denominada Fraxinetum. La posición estratégica de la aldea convenció a los piratas para tomarla como punto de partida de una serie de asaltos que aterrorizaron a toda la costa. En la foto, la fortaleza de Miramas-le-Vieux.

jefe religioso y un Papa que, poseyendo su propio estado, era también un soberano. Desde la pequeña ciudad de Aquisgrán, que no superaba probablemente los 2 000 habitantes, Carlomagno se preocupó ante todo de volver a conferir al documento, al acto escrito, la función que tenía en el Imperio romano, de tal modo que las órdenes llegasen de forma precisa a los funcionarios periféricos y sobre todo se comprendiesen. Era necesaria por lo tanto una burocracia letrada. En segundo lugar, como jefe espiritual, Carlomagno quiso difundir abundantemente la instrucción religiosa y por ello trabajó para la formación cultural del clero. En resumen, con Carlomagno la corte pasó de ser un lecho de grandes guerreros a un activo centro de cultura. Su reino coincidió con la gran obra de renovación que se ha denominado Renacimiento carolingio.

Las últimas invasiones en Europa

El gobierno relativamente estable de los carolingios en Europa occidental garanti-

zaba una cierta seguridad a las comunidades religiosas y mercantiles, pues entre los
siglos VIII y IX abadías y mercados estaban
indefensas y las fortalezas romanas en un
completo abandono. Las riquezas que se
estaban acumulando en estos lugares
atraían a saqueadores que venían de lugares lejanos, hombres que se burlaban de las
sanciones religiosas que debían proteger
los lugares sagrados del Occidente cristiano. En los siglos IX y X Europa sufrió los
ataques de tres grupos de invasores: los
sarracenos, los vikingos y los húngaros.

Los sarracenos

Las incursiones de los sarracenos –del
árabe *sharkin*, oriental: es el nombre con
el que a menudo fueron llamados los árabes por los europeos– fueron más que
nada intentos de expansión de las conquistas árabes. Después de la ocupación
de Sicilia, ultimada en el 827, los piratas
musulmanes establecieron sus bases a lo
largo de la costa de Italia y después en la
Galia meridional, desde donde podían
amenazar varias zonas de Europa. Córce-
ga y Cerdeña fueron atacadas muchas

LOS VIKINGOS EN PARÍS
Hacia finales del siglo IX, el imperio creado por Carlomagno estaba en dificultades. París sufrió entre el 885 y el 886 los saqueos de los vikingos daneses.

Los puentes
París estaba conectada a tierra firme por dos puentes, uno de piedra y otro de madera. El derribo del puente de madera permitió a los vikingos navegar fácilmente por el Sena para saquear los campos circundantes.

El campamento
Los vikingos lo construyeron en la orilla noroccidental del Sena. Una útil base de partida para asaltos imprevistos más que para un verdadero asedio.

veces y muchos monasterios y ciudades de Italia, Roma incluida, y de la Galia sufrieron saqueos. Peregrinos y mercaderes eran saqueados o hechos prisioneros. El mayor mérito de haber expulsado a los piratas de sus bases en Italia fue de las fuerzas del Imperio bizantino.

Los vikingos o normandos

Otro impacto aún mayor tuvieron sobre Europa las invasiones de los vikingos o normandos, nombre que significa «hombres del Norte». Provenían de Dinamarca y de la parte meridional de la península Escandinava, entonces muy aisladas. Eran poblaciones germánicas que en los primeros siglos de la era cristiana habían recorrido los mares en naves a remo y habían mantenido conspicuas relaciones comerciales con el mundo romano. Entre el 650 y el 800 aparecieron en el continente. Utilizaban unos tipos particulares de naves largas y estrechas que les permitían la navegación costera, la navegación en mar abierto y, cuando era necesario, subir agua arriba los ríos para penetrar fácilmente tierras adentro. Las migracio-

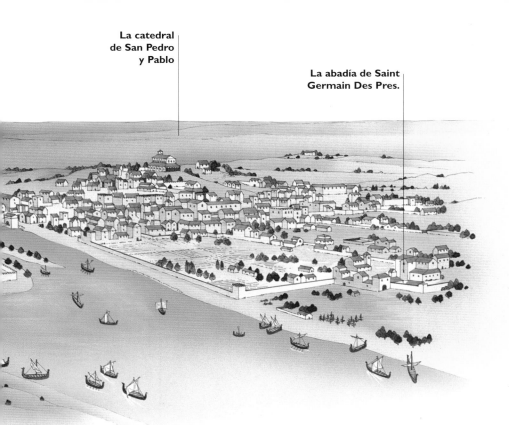

La catedral de San Pedro y Pablo

La abadía de Saint Germain Des Pres.

nes de estos pueblos escandinavos seguí- an a menudo las vías del gran comercio internacional. Algunos se dirigieron hacia la estepa rusa donde tomaron parte importante en el desarrollo de un primer Estado ruso y donde entraron en contac- to con el mundo bizantino y musulmán; otros se dirigieron hacia Islandia y proba- blemente llegaron también al continente americano; otros se dirigieron hacia el Atlántico y llegaron hasta el mar Medite- rráneo. Bandas de normandos en los años 859-860 atacaron Londres, York, Rouen, Nantes y después Sevilla, Cádiz,

Cataluña, Baleares, la Baja Provenza, Luni y Pisa. La penetración normanda se desarrolló en un principio bajo el signo del robo y del saqueo. Pero rápidamente los vikingos pretendieron que les paga- ran tributos las poblaciones sometidas y dieron vida a formaciones políticas que aceptaron la religión cristiana. En parti- cular los hombres del Norte, en el siglo IX, se establecieron en el norte de Francia, en la región que tomaría su nombre, Nor- mandía. Desde allí, en el 1066, el duque normando Guillermo partió a la conquis- ta de Inglaterra. Entre tanto la acción de

Las mercancías

En los grandes mercados creados
por los escandinavos
en Rusia se cambiaban
productos nórdicos
como las pieles,
el marfil, los dientes
de narval y los esclavos
por la cera y el ámbar,
aunque también
por bronces y sedas
de China, especias y
cerámica, joyas y armas
fabricadas
en los países islámicos.

Las naves vikingas

Los vikingos
aprovechaban los ríos
navegables para
penetrar en el interior
de los continentes.
Cuando era necesario,
bajaban el mástil,
retiraban los remos,
detenían con
una maroma el timón
y hacían deslizarse
la embarcación sobre
un lecho de troncos
hasta el siguiente curso
de agua.

los vikingos había desestabilizado el Imperio carolingio con consecuencias notables en la reorganización social y militar de Occidente: de hecho, como reacción proliferaron los castillos y creció la autonomía de sus amos denominados, como veremos, señores feudales.

Los húngaros

El tercer gran pueblo que invadió Europa en el siglo X fue el de los húngaros. Como los hunos del siglo V, eran un pueblo nómada originario de Asia Central. Se establecieron en las estepas de la Panonia, en la región que luego se llamaría Hungría. También los húngaros realizaban incursiones con el fin de conseguir un botín más que la conquista estable de nuevas tierras. En el 937 llegaron a los alrededores de París y saquearon Borgoña y el valle del Ródano. Ante las incursiones de los caballeros húngaros que ponían herraduras a sus caballos y usaban los estribos, las ciudades y las fortalezas normalmente resistían, también porque estos iban poco armados para atacarles y asediarles y preferían devastar y saquear los campos y los monasterios. Los reyes de la dinastía de Sajonia fueron los que pensaron en romper el impulso de los húngaros, pero sobre todo facilitaron su sedentarización. De hecho, los húngaros, aunque no se convirtieron en agricultores al menos llegaron a ser ganaderos estables. La conversión al cristianismo integró definitivamente a los húngaros entre las naciones en formación de Occidente. En el año 1000 el rey Estefano recibió del Papa la corona real de Hungría.

Los eslavos

En la historia de la población de Europa desde el primer milenio de la era cristiana, un papel importantísimo fue representado por las tribus eslavas. Eran poblaciones poco conocidas para los romanos y las civilizaciones sucesivas, y esto hace pensar que su tierra de origen era una zona muy aislada, probablemente entre el Vístula, río de Polonia, y el Dniéper, río de la Rusia Meridional. Desde aquellas zonas, en el curso del siglo VI, poblaciones provenientes de Asia empujaron a los eslavos occidentales, los polacos, los checos y los eslovacos, a un contacto con el mundo germánico; los eslavos orientales, los rusos, los ucranianos y los bielorrusos entraron en contacto con el mundo bizantino. Ocurrió del mismo modo con los eslavos meridionales, los serbios, los croatas y los eslovenos, a los cuales se unieron los búlgaros que eran una población de origen turco, posteriormente eslavizada. También para los eslavos, como para los germanos mucho tiempo antes, y después para los húngaros, la inserción en la civilización europea tiene lugar gracias a la conversión de sus jefes al cristianismo. La religión constituyó un potente elemento de unificación, de cohesión y de identidad. Llegaron misioneros de Occidente y del Imperio bizantino.

A finales del siglo IX, en Europa oriental se fue formando en torno al centro comercial de Kiev el núcleo de lo que después sería Rusia: tras un siglo, esta se abriría al cristianismo bizantino por la conversión del príncipe Vladímir que se había aliado con Constantinopla. Sin embargo el núcleo del primer Estado polaco acogió la predicación de misioneros provenientes de

El dios pagano
Soldados del príncipe
tiraron al Dniéper,
el río de Kiev,
la estatua del dios
pagano Perun.
Un gesto simbólico
de renuncia
a los falsos dioses.

EL BAUTISMO
DEL PRÍNCIPE VLADÍMIR
Para convertir su Estado
en un país integrado con los otros,
el príncipe pagano de Kiev,
Vladímir (956-1015), buscó
la alianza con el Imperio bizantino.
Entonces se convirtió
al cristianismo obligando
a su pueblo a hacer lo mismo.

Roma; del mismo modo que lo hizo, en los albores del año 1000, el ducado de Bohemia. Checos, eslovenos y croatas aceptaron la predicación de la Iglesia de Roma, serbios y búlgaros la de la Iglesia bizantina.

Los otones

Los eslavos habían presionado al Imperio bizantino estableciéndose en sus territorios balcánicos; vikingos, húngaros y sarracenos habían llevado a la crisis las estructuras del Imperio creado por Carlo-magno, ya debilitado por la costumbre franca de dividir el reino entre los herederos. De este modo, el Imperio se había separado en diferentes reinos: alemán, francés e italiano. En el 936, medio siglo después del fin del Imperio carolingio, se convirtió en rey de Germania Otón I que adquirió un gran prestigio entre la cristiandad venciendo a los húngaros en 1955 en la batalla de Lech, en la Germania Meridional, y consolidó su poder para perjuicio de los príncipes que, con la disolución del Imperio carolingio, habían

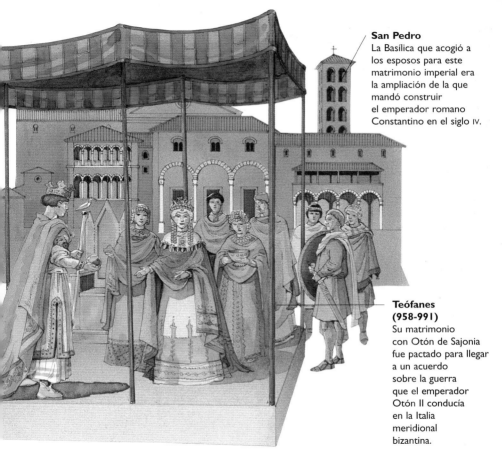

San Pedro
La Basílica que acogió a los esposos para este matrimonio imperial era la ampliación de la que mandó construir el emperador romano Constantino en el siglo IV.

Teófanes (958-991)
Su matrimonio con Otón de Sajonia fue pactado para llegar a un acuerdo sobre la guerra que el emperador Otón II conducía en la Italia meridional bizantina.

aprovechado para dictar leyes en sus territorios, como muchos principados independientes. En el 962 Otón I de Sajonia obtuvo del Papa en Roma la corona de emperador. Su sistema de gobierno presuponía el uso de los obispos como funcionarios del emperador. Después promulgó el denominado *Privilegium Othonis* (962): no se podría consagrar ningún papa sin antes haber sido confirmado por el emperador. Esta confusión entre poderes civiles y poderes religiosos llevaría, como veremos más adelante, a profundas divergencias entre el papa y el emperador, las dos máximas autoridades del universo político occidental de la Edad Media. Con la dinastía de los otones, el Imperio asumió una fisionomía germánica y el emperador, siguiendo la huella de la novedad introducida por Carlomagno, es caracterizado como *persona sacra*, «ungido del Señor». El conjunto de la sociedad se calificaba a sí misma cada vez más como cristiana. Una sociedad, como pronto veremos, dividida en tres grandes órdenes.

AGRICULTORES, CABALLEROS Y MONJES

A partir del siglo X se difundió en Europa una forma de organización del poder y de la sociedad que después será llamada feudal. Sus protagonistas eran aquellos que poseían la riqueza, es decir, la tierra, aquellos que la trabajaban y aquellos que rezaban.

La crisis de Europa

Las últimas invasiones habían dejado el Occidente europeo fraccionado desde el punto de vista político, despoblado y empobrecido; la foresta había tomado nuevamente el terreno cultivado y de esta se extraían los mayores recursos. Del poco suelo que se cultivaba, y que en su mayor parte era deforestado simple-mente con el hacha, se obtenía un rendimiento agrícola modesto. Se habían introducido una serie de innovaciones: el molino de agua, ya conocido por los romanos, había permitido aprovechar mejor la energía del agua; la adopción de un nuevo tipo de yugo para los caballos había permitido utilizar mejor la energía animal; la introducción, a partir del siglo

LOS BOSQUES
Los bosques europeos representaban un recurso alimenticio importantísimo para los hombres y para los animales.

LOS PANTANOS
Al abrigo de los bosques, se encontraban a menudo zonas pantanosas con plantas diferentes respecto a las de tierra firme.

VII-IX, según las zonas, de un nuevo tipo de arado.que removía la tierra en mayor profundidad, había mejorado las cosechas; un nuevo ritmo de rotación anual de los campos cultivados había permitido nutrir también a los animales, necesarios para los trabajos agrícolas. Sin embargo la productividad agrícola, es decir la relación entre lo que se sembraba y lo que se recolectaba, continuaba siendo baja. En resumidas cuentas la tierra se trabajaba para el puro y simple autoconsumo y poco o nada se comercializaba. La población estaba debilitada

El carpe
Con una altura de hasta 25 metros se utilizaba como leña para el fuego.

La encina
Productora de bellotas, era en los bosques medievales uno de los pocos tipos de árboles que se replantaba.

Los jabalíes
Se alimentaban de bellotas y en los bosques ricos en encinas eran totalmente autosuficientes.

La zona de matorrales
Rica en setas y variados frutos salvajes constituía una posterior reserva alimenticia.

LAS INNOVACIONES AGRÍCOLAS
Una serie de mejoras
en el aprovechamiento
de la energía, en las técnicas
de cultivo y en la tecnología
de los utensilios era la base
de las mejoras de la agricultura
europea en torno al año 1000.

El molino de agua
La energía que suministraba el
agua se aprovechó
de forma cada vez más
sistemática a partir del siglo VII.

por la frecuente carestía y las enfermedades que atacaban duramente. En el siglo X la población europea estaba probablemente en el nivel más bajo después de la caída del Imperio romano de Occidente y en el año 1000 contaba tal vez con un total de 30 millones de personas. En las ciudades, al estar despobladas, el comercio era casi inexistente, del mismo modo que la artesanía.

La revolución agrícola

A partir del siglo XI, en coincidencia con el fin de las invasiones, la situación en Europa Occidental comenzó a cambiar. El fenómeno más espectacular fue la expansión demográfica que acompañó, más que al aumento de la productividad, al crecimiento de toda la producción agrícola. De hecho, la base del desarrollo de Occidente fue un conjunto de progresos en los cultivos a los cuales se les dio el nombre de «revolución agrícola» y que consistió, además de en una mayor difusión de las técnicas ya conocidas en los siglos precedentes, principalmente en una extensión general de los espacios cultivados. Esta asumió tres formas fundamentales: un intenso trabajo de arado por parte de los campesinos de las viejas aldeas en los límites de los bosques que circundaban sus campos; la migración de colonos, que necesitaban tierras, hacia las mesetas y las montañas deshabitadas, donde comenzaron a sacar de montes y de bosques fincas extensas y pequeños campos; y el desarrollo planificado por los señores laicos o por los monasterios, que fundaban burgos a los pies de un castillo o al lado de un monasterio. Para esta revolución fueron fundamentales los recursos

La rotación
La rotación de cultivos a efectuar en un terreno pasó de una cadencia bienal a una trienal. Esto permitió reducir el terreno no fértil y aumentar la comida a disposición de los animales utilizados en los trabajos agrícolas.

De los bueyes a los caballos
Una serie de mejoras, como las herraduras, aumentaron la eficacia de los caballos que sustituyeron a los bueyes como animales de tiro.

El arado
El arado con ruedas y dos cuchillas era capaz de remover la tierra a mayor profundidad.

El incendio
A menudo se utilizaba
para la deforestación.
De ese modo se destruía
el maderamen,
pero las tierras se hacían
fértiles sin tener que
recurrir al abono animal.

LA DEFORESTACIÓN
Los terrenos deforestados
se destinaban a pasto
o inmediatamente
se cultivaban con cereales.

El maderamen
El maderamen talado
se utilizaba
para la construcción
de edificios agrícolas
y viviendas
para aldeanos;
los matorrales
y la madera
menos preciada
como combustible.

La tala

Ya que el fuego, incluso si hacía fértil el terreno, destruía los recursos madereros, a partir del siglo XII el método más difundido para la deforestación fue aquel en el que se utilizaban hoces, sierras y podaderas.

 de las clases sociales dominantes: por ejemplo se llevaron a cabo grandiosas obras de saneamiento para las cuales se necesitaron los medios de producción y los recursos de los grandes poseedores de tierras.

El encastillamiento

¿Dónde vivían los grandes señores? Es necesario adelantar una idea. La dinastía carolingia, para enfrentarse a las invasiones sarracenas, vikingas y húngaras y gobernar un imperio que en el siglo IX abarcaba buena parte de Europa Occidental, había recurrido al patrimonio cultural del mundo franco: el vínculo personal que ligaba a un rey a su propio séquito. A cambio de un juramento de fidelidad, los reyes carolingios habían concedido beneficios, es decir tierras, a sus hombres de confianza, de modo que estos pudiesen conseguir los recursos para armarse. Esta relación se basaba en el juramento y en el beneficio, ligaba a un vasallo y al propio señor y se denominaba vasallaje. Se había convertido de un instrumento de reclutamiento militar en un método de gobierno. El que administraba para el rey un condado o un distrito fronterizo, a cambio del juramento de fidelidad había obtenido el beneficio, es decir, la capacidad de disfrutar por ejemplo de los impuestos cobrados en la región del distrito fronterizo o del condado, disfrutando también de una especial inmunidad: por ejemplo no tenía que pagar ciertos tributos. Los vasallos del rey, condes y marqueses, se habían convertido con el paso del tiempo en señores de vasallos menores de los que recibían el juramento y a los que concedían un beneficio.

En torno al año 1000, uno de estos vasallos menores podíamos encontrarlo protegido en un castillo, circundado por una muralla. Estos señores necesitaban fuerza de trabajo para roturar las tierras que había recibido en forma de beneficio; para trabajarlas disponía de los utensilios que eran cada vez más eficaces. De este modo los campesinos, antes dispersos por el campo, podían ir a él para buscar al mismo tiempo protección y trabajo. El dueño del castillo concedía la tierra, pedía parte de la cosecha y exigía que el campesino, además de trabajar la tierra que recibía en beneficio, trabajase también la tierra que el dueño del castillo tenía para usufructo directo. El castillo era hasta aquel momento el centro de una economía bastante cerrada, con muy pocos contactos con el exterior. Todavía circulaba muy poco dinero y por el momento se hacían trueques sólo con bienes –las tierras y la cosecha– y servicios –los turnos de trabajo en el campo del dueño del castillo. Cuando el dueño del castillo, es decir, el vasallo que había obtenido un territorio en beneficio, consi-

EL CASTILLO
Del siglo IX al XIV el castillo modificó su propia estructura convirtiéndose además de en una prisión militar de zona, en residencia privada del señor y también en centro político y administrativo. Un castillo –como Castel Tirol– en pocos siglos sufrió transformaciones notables.

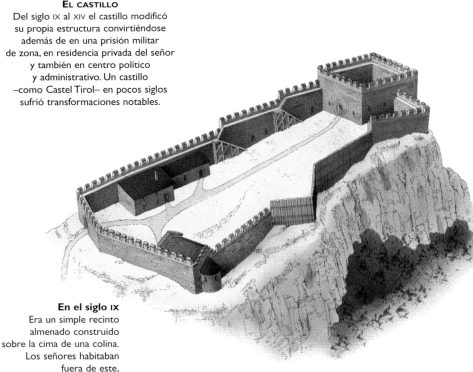

En el siglo IX
Era un simple recinto almenado construido sobre la cima de una colina. Los señores habitaban fuera de este, pues era sólo una prisión.

En el siglo XIII
Se añadió una muralla
defensiva nueva más alta
y más fuerte
y un ala residencial
para el señor y su familia,
que habían comenzado
la lucha contra la nobleza
del territorio.

En el siglo XIV
La arquitectura
del castillo se había
hecho más compleja:
se añadieron una
serie de espacios
que el señor utilizaba
como cuartel general
para sus actividades.

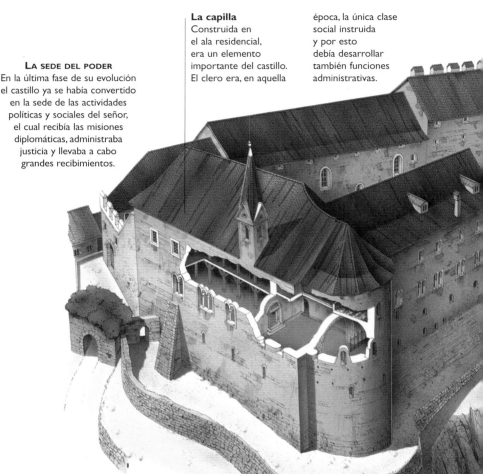

LA SEDE DEL PODER
En la última fase de su evolución el castillo ya se había convertido en la sede de las actividades políticas y sociales del señor, el cual recibía las misiones diplomáticas, administraba justicia y llevaba a cabo grandes recibimientos.

La capilla
Construida en el ala residencial, era un elemento importante del castillo. El clero era, en aquella época, la única clase social instruida y por esto debía desarrollar también funciones administrativas.

guió que este fuera hereditario, tuvo lugar una modificación importante. El territorio, de simple dominio, se convertía en territorio de su propiedad. Lo que antes era un simple beneficio se transformaba en un dominio absoluto del señor que juzgaba y castigaba ejercitando aquel poder político que la autoridad del estado, el rey o el emperador, no conseguía garantizar. Tenía lugar también un cambio lingüístico: el término de origen germánico «feudo», que al final del siglo IX era un sinónimo de beneficio, pasaba a indicar beneficio hereditario. El castillo, elemento esencial de la organización feudal en el siglo X, se convertía en resumidas cuentas en el centro de un señorío que absorbía poco a poco todos los poderes: económico, judicial y político.

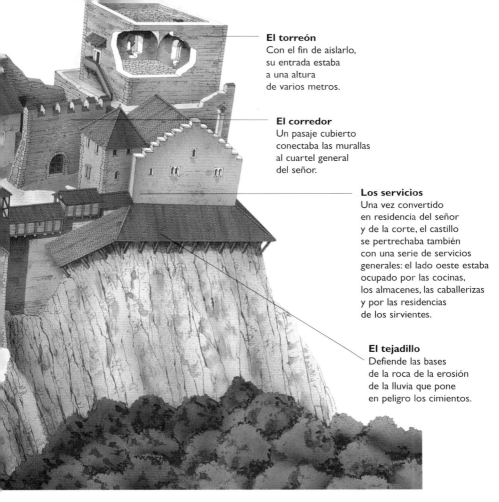

El torreón
Con el fin de aislarlo,
su entrada estaba
a una altura
de varios metros.

El corredor
Un pasaje cubierto
conectaba las murallas
al cuartel general
del señor.

Los servicios
Una vez convertido
en residencia del señor
y de la corte, el castillo
se pertrechaba también
con una serie de servicios
generales: el lado oeste estaba
ocupado por las cocinas,
los almacenes, las caballerizas
y por las residencias
de los sirvientes.

El tejadillo
Defiende las bases
de la roca de la erosión
de la lluvia que pone
en peligro los cimientos.

Una sociedad con tres clases

Los hombres del mundo feudal eran conscientes del hecho de que la sociedad medieval estaba dividida en tres clases. En primer lugar estaban aquellos que poseían la tierra y, en virtud de sus riquezas, se podían permitir tener un caballo y el equipo necesario para combatir: los *bellatores*; después los campesinos, libres o siervos, que trabajaban la tierra: los *laboratores*. Y finalmente los religiosos, aquellos que rezaban, los *oratores*.

Los nobles

Los nobles eran hombres cuya condición originaria de privilegio se debía al hecho de poseer la tierra que habían recibido en beneficio del rey. Habían utilizado esta para convertirse en hombres de armas al servicio del soberano y

después en sus administradores. Desde el siglo IX, es decir desde el momento que el soldado de a pie había perdido importancia en los combates, estos hombres de armas se habían montado a caballo. Desde el siglo X los valores guerreros gozaron de un creciente prestigio y señores y caballeros llevaban un mismo tipo de vida: la figura del caballero llegó a identificarse cada vez más con la del noble. La herencia de los beneficios había convertido con el paso del tiempo a los señores feudales en un orden social cerrado: ya no se podía hacer uno noble por méritos o por los cargos desempeñados, se era de nacimiento. Para reforzar el poder sobre un territorio, para concentrarlo y para asegurar la transmisión de padre a hijo, la nobleza adoptó una estructura familiar fundada en el linaje; es decir, regulada

Los músicos
Músicos y juglares
entretenían
a los huéspedes
en el banquete.
A los juglares,
o bufones, a menudo
se les permitía
decir riéndose
verdades amargas
que su patrón
no aceptaría
de ningún otro.

**Los atavíos
del señor**
Un castillo podía
también ser pequeño
o desagradable
pero el señor,
especialmente
en ocasiones
importantes,
ostentaba
vestiduras refinadas.

Los Templarios
Son el prototipo
del *miles Christi*,
del soldado
de Cristo. Un orden
caballeresco nacido
hacia el 1119
para la defensa
de los territorios
conquistados
en las cruzadas
en Tierra Santa.
Arriba, caballero
templario
en una vidriera
del siglo XIII.

por la descendencia masculina de los primogénitos de un mismo antepasado. Los hijos no primogénitos llegaban al rango de caballeros a través de una ceremonia reglamentada, una investidura que presuponía la consignación de las armas y las insignias. Entre el siglo XI y el siglo XII se difundió el uso de reservar las insignias sólo para los hijos de los caballeros. De este modo la nobleza de la Baja Edad Media se convierte en una clase social cerrada tanto en su cima, representada por los señores de los castillos, como en los niveles inferiores de los simples caballeros que estaban a su servicio y que a veces conseguían a duras penas los medios para vivir. La caballería con el tiempo se identificó con un modelo de comportamiento preciso, casi una ideología propia, el ideal caballeresco. El hecho de estar vinculados a un señor del cual recibían un beneficio a cambio de la fidelidad, impedía que pudiese existir la figura del caballero errante que actuaba fuera de un contexto social. El caballero era el héroe de los poemas épicos medievales —el ciclo carolingio, el ciclo bretón, el ciclo castellano y el germánico— que florecieron después del año 1000 y que exaltaban los valores de la sociedad feudal: la fe, el honor, el coraje, la fidelidad y la justicia. El caballero no tenía que combatir con otros caballeros sino que debía convertirse en el protector de los débiles frente a los tiranos, de la Iglesia y, muy pronto, de toda la cristiandad. De hecho, el caballero llega a asumir, con la fuerte cristianización de la sociedad, una función casi sagrada, se convertía en *miles Christi*, soldado de Cristo. Los caballeros fueron los protagonistas de las cruzadas, como veremos más adelante, contra los musulmanes y para la reconquista de la Tierra Santa.

EL TORNEO
En la fase más antigua, entre el XII y el XIII, el torneo era un combate furibundo en el que tomaban parte escuadras contrarias de decenas y algunas veces de centenares de caballeros. El área de la lucha podía comprender incluso todo un pueblo. Sólo más tarde el torneo tendió a transformarse en el duelo entre parejas de caballeros en un campo cerrado. La finalidad era siempre la de poner a prueba el propio coraje en una simulación de guerra.

El caballero
En el momento de su investidura, se comprometía a respetar una serie de obligaciones, como defender la Iglesia a costa de su propia vida y combatir a los malvados pero con lealtad.

Los vasallos
Los grandes caballeros iban acompañados por vasallos que llevaban sus armas. Para albergarlos se levantaban tiendas.

Los campesinos

Antes del siglo IX y de que comenzase la época de las grandes roturaciones, el campesino o cultivaba una tierra de su propiedad para su subsistencia o estaba al servicio de un señor que le había confiado lotes de tierra. Las condiciones económicas eran por lo tanto diferentes y se podían distinguir los «labriegos», aquellos que disponían de animales de tiro, y los «braceros», que, por el contrario, debían roturar la tierra con la azada. Se utilizaba a los campesinos para suministrar parte de la cosecha al señor y para desarrollar para él determinados servicios de carácter servil.

Las condiciones de los campesinos mejoraron mucho en la época de la revolución agrícola, con las grandes roturaciones y el aumento de la producción agrícola. Las

La grúa
Para subir sobre
el caballo,
el guerrero del siglo XIV
debía recurrir
a un cabrestante
accionado por escuderos
y sirvientes.
El peso
de la armadura hizo
en la Baja Edad Media
cada vez más difícil
la movilidad
de la caballería.

corveés, es decir, los servicios que el campesino debía prestar al señor, habían disminuido y habían sido en general sustituidos por una contribución en dinero ya que la moneda había vuelto a circular. Sin embargo habían aumentado las obligaciones que el señor solicitaba como señor del territorio en el que ejercitaba su poder de mando y de coerción. Además de administrar justicia, imponía por ejemplo la obligación de usar molinos, almazaras y hornos de su propiedad, y toda una serie de obligaciones que sustituían a las establecidas por los funcionarios del rey de época carolingia. Naturalmente a un poder tan cercano, y por esto más fuerte, como el del señor se podía también resistir más eficazmente. El señor hacía valer sus derechos, pero si quería poblar sus campos, los cuales debían roturarse, tenía también que conceder algo a los campesinos. Los documentos de garantías por ejemplo ponían por escrito las nuevas costumbres de vida que los campesinos querían salvaguardar, como el derecho a vender la tierra que habían tenido en concesión, un paso decisivo de los campesinos hacia la plena propiedad de la tierra, o también el derecho a moler los cereales por sí mismos sin tener que recurrir al molino del señor, que de ese modo podía controlar la producción y así cobrar a la comunidad nuevos impuestos.

Las nuevas aldeas

El campesino acudía al castillo, llamado por el señor que necesitaba braceros. Cerca del castillo se sentían seguros, el señor feudal ofrecía protección, su papel de garante de justicia y de orden susti-

LA CASA
Para el campesino la casa es sólo un lugar para protegerse: la mayoría de sus ocupaciones se desarrollaban en el exterior.

Los animales
Los hombres convivían a menudo con los animales que eran albergados en el mismo espacio, en la zona más cercana a la entrada.

El tejado
La estructura
de madera se recubría
con paja y arbustos
trenzados; en las áreas
más ricas se podían
encontrar también
cubiertas de pizarra.

Los alimentos
De una amplia
variedad
de pescados
se pasaba
a los cereales,
consumidos sólo
en forma de pan
o tortas, hasta llegar
raramente a la carne
que podía
ser de pollo
o de buey.

tuía perfectamente a una autoridad imperial distraída y ausente. He aquí el nacimiento del pueblo: pequeñas aglomeraciones de casas que surgían en las proximidades inmediatas al castillo o, de cualquier forma, cerca de una gran propiedad. En torno a cada pueblo se encontraba un área productiva de entre 300 y 1 000 hectáreas, en parte destinada al autoconsumo de los habitantes, en parte dedicada a la producción de un sobrante que, entregado al señor propietario de las tierras en forma de tributo, se ponía inmediatamente en camino hacia los mercados urbanos. Había muchísimas aldeas fundadas en este período que indicaban con su propio nombre el carácter reciente de su fundación o la especial condición jurídica que disfrutaban. En el ejemplo aparece Villanueva, en francés Villeneuve, que quiere decir «ciudad nueva», o Villafranca, del alemán Freistadt que quiere decir «ciudad libre». Estas últimas evidentemente habían obtenido documentos que atestaban el derecho al autogobierno. La fundación de nuevas aldeas, con un plano regular, se desarrollaba contemporáneamente al progreso de las viejas ciudades y la fundación de las nuevas, un fenómeno que veremos detalladamente más adelante.

Las casas
No tenían más de dos ventanas y se construían generalmente con una sola planta.

LA ALDEA
Podía surgir al lado de un monasterio o de un castillo fortificado o también, por necesidades militares, junto a un confín.

Los religiosos

La tercera gran clase social del mundo feudal estaba constituida por los *oratores*, aquellos que rezan. Estos se dividían en el grupo de los clérigos, destinados a velar por las almas y dependientes del obispo, y el de los monjes. También en el interior de la gran categoría de los *orato-*

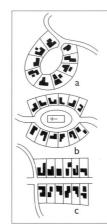

La estructura de los pueblos
También con variaciones según las zonas, en las aldeas de nueva formación las casas tendían a agruparse siguiendo un diseño regular: en torno a la iglesia (a y b); o también a lo largo de un camino o un sendero trazado en el bosque (b y c). En torno al pueblo se extendía el área de las tierras comunes sin cultivar del bosque.

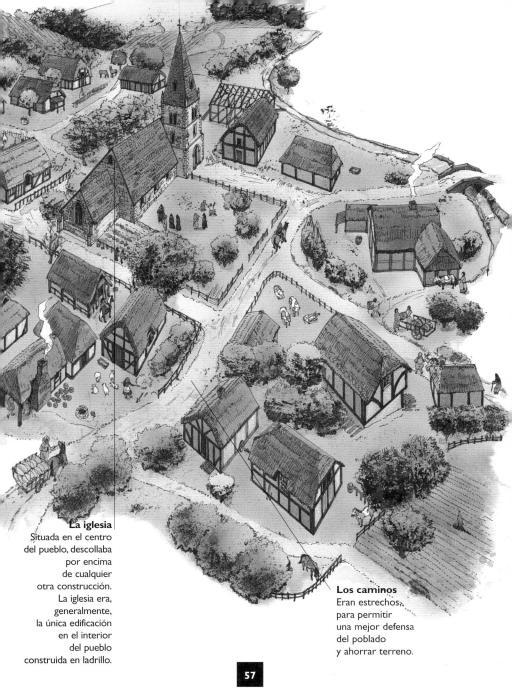

La iglesia
Situada en el centro
del pueblo, descollaba
por encima
de cualquier
otra construcción.
La iglesia era,
generalmente,
la única edificación
en el interior
del pueblo
construida en ladrillo.

Los caminos
Eran estrechos,
para permitir
una mejor defensa
del poblado
y ahorrar terreno.

res existían profundas diferencias sociales. El cura de campo era de origen humilde, sin embargo el miembro del capítulo de una catedral, rico en feudos, provenía de poderosas familias señoriales. Así en los monasterios, especialmente desde el siglo XII, se distinguían los monjes, que practicaban la oración y provenían generalmente de familias de caballeros, de los conversos, dedicados a tareas especiales y provenientes familias de origen campesino.

Las abadías, que ya hemos encontrado en el primer capítulo como elementos que habían garantizado a partir del siglo VI una presencia fuerte sobre los territorios en un período de descomposición de todas las instituciones políticas, participaban activamente en el sistema feudal. Había algunas como la de Corbie en Francia –y de cuyo *scriptorium* salieron algunos de los manuscritos miniados más conocidos de la época carolingia– que mantenía a 150 siervos especializados, encargados solamente de transportar los productos a la comunidad de los monjes. También los párrocos de las abadías trataban de producir en el interior de las mismas todo cuanto era necesario. No sólo el clero regular –es decir aquel que se inspira en una orden dictada por un fundador; todos en este período se inspiran en la de San Benedicto la cual ya hemos visto– sino también el secular –que vive activamente la vida del «siglo» o sea del mundo– participaba en esta sociedad dominada por la tierra. A través de las donaciones, la Iglesia se convierte en la propietaria de uno de los patrimonios inmobiliarios más grandes del mundo occidental. Pero las donacio-

LA IGLESIA ABACIAL DE CLUNY
Fundada en el 910 en Borgoña
fue ampliada por primera vez
entre el 955 y el 991,
y una segunda vez en el 1088.
Fue casi completamente
destruida entre el 1809
y el 1823.

La *schola cantorum* a cabo un repertorio
Un cuerpo de cantores de cantos
profesionales para la liturgia,
(*schola cantorum*) denominados
se encargaba de llevar cantos gregorianos.

La orden cluniacense
Había surgido como un modelo de vida inspirado en la orden benedictina que intentaba recuperar sus valores fundamentales. Hacia el 1100, los cluniacenses tenían 1450 edificios con diez mil monjes: 815 estaban en Francia, 109 en Germania, 52 en Italia, 43 en Gran Bretaña y 23 en España Al lado, la abadía de Cluny en torno al año 1000.

El *scriptorium*
En una abadía era la habitación anexa a la biblioteca, donde los amanuenses llevaban a cabo la paciente obra de volver a copiar textos.

EL TRABAJO

La reforma de la vida y de la organización
de los monasterios contribuyó
a la renovación espiritual del monacato
benedictino entre el siglo X y el XII.
En Cluny, dedicaban muchas horas del día
a la oración y al trabajo intelectual,
mientras el trabajo manual
se confiaba a los siervos.

Poder y opulencia
Después de San Pedro,
en Roma, Cluny
fue el mayor edificio
religioso de Occidente.
Su abad fue el segundo
personaje de la cristiandad
después del Papa.
Sus almacenes
estaban llenos.

nes a menudo eran obra de las familias señoriales que de este modo pretendían hacer iglesias beneficiadas de tal forma que fueran iglesias casi privadas. Nombraban clérigo a uno de sus siervos y recaudaban las limosnas. Una especie de mezcla entre señorío laico y mundo eclesiástico que, recalcando las diferencias de jurisdicción entre el papa y el emperador, favorecería la pérdida de libertad de la Iglesia y de la disciplina en su interior.

Los cistercienses
El orden cisterciense se distinguió por una mayor atracción hacia el voto de pobreza. Sus edificios y la decoración de las abadías eran de una simplicidad extrema. En la foto, la abadía cisterciense de Sénanque, en Provenza, fundada en el siglo XII.

Cluniacenses y Cistercienses

Iglesias seculares y comunidades monásticas, grandes poseedores de tierras, participaban por lo tanto en la organización económica y política del territorio y, obviamente, creaban diferentes tendencias culturales y espirituales. La abadía de Cluny, en Borgoña, fundada en el 910 por el duque de Aquitania, intentó recuperar la antigua orden benedictina, principalmente en lo que se refiere a la vida contemplativa y al alejamiento de las cuestiones terrenales. Desde sus orígenes Cluny tuvo el privilegio de la exención del poder del obispo de la cercana Macon: esto la liberó de la influencia de las familias aristocráticas y la protegió de la decadencia económica. En toda Europa se enriqueció con tierras, jurisdicciones y privilegios, tales que pudo dar vida a una organización estable de abadías dependientes, 1 200 al final del siglo XII, unidas por un vínculo de solidaridad. Los monasterios inspirados en la orden benedictina de Cluny (el *ordo Cluniacensis*) dependían directamente de los papas, los cuales los mantuvieron cuando necesitaron apoyo para iniciar la gran reforma de la Iglesia.

Sin embargo, una interpretación diferente de la orden de San Benedicto hicieron los monjes de la abadía de Citeaux (en latín *Cistercium)*, entre los cuales estaba San Bernardo de Chiaravalle (1090-1153). Estos intentaron recuperar totalmente la dimensión de la pobreza y del trabajo manual, que en Cluny se había dejado de lado, a través de la renuncia al señorío feudal y a la explotación de los siervos típica de las grandes propiedades monásticas y eclesiásticas. Si a los cluniacenses se les donaban terrenos ya roturados o para roturar por los siervos, a los cistercienses se les daban tierras cenagosas que ellos mismos se ocupaban de sanear.

El peregrinaje

Cluniacenses y Cistercienses constituían sólo los dos casos más llamativos de un gran movimiento de reforma de la espiritualidad, y por lo tanto también del estilo de vida, que invadió la Iglesia en torno al siglo XI. Se advertía en la sociedad cristiana el deseo de una Iglesia de nuevo libre de los intereses de los grandes señores, más preocupada por la dimensión espiritual, más evangélica. Junto a todo esto, la figura del peregrino representaba la libertad del que se movía sin vínculos.

El peregrinaje es una práctica de devoción difundida con el paso del tiempo y en muchas culturas. En el mundo cristiano está conectada con la idea de vida como camino hacia una meta, la Vida Eterna, a través de un itinerario de purificación. Roma y Jerusalem habían sido

La basílica
Construida cerca de la tumba de Santiago, consagrada en el 899, fue transformada en época románica.

SANTIAGO DE COMPOSTELA

Después de Roma, Compostela es la meta más importante del peregrinaje del Occidente medieval. Según la leyenda, los restos de Santiago Apóstol, decapitado en el 44 en Jerusalén, fueron trasladados a Galicia. La tumba del apóstol se descubriría en la primera mitad del siglo IX y se reconoció como tal por la luz deslumbrante que la rodeaba (de ahí, Compostela, o sea *ad campus stellae*).

Los caminos

La mayor parte de los caminos medievales eran aún los construidos por los romanos. También los itinerarios seguían el trazado romano. Sin embargo ya iban abriendo nuevas carreteras los mercaderes y los peregrinos. En la foto un tramo de la vía Cassia.

Los peregrinos

Sus atavíos se componen de un sombrero de ala ancha que les protege del sol, un bastón que les ayuda en el camino y, en bandolera, una alforja. En el sombrero y en la capa está cosida una concha: es el símbolo de los peregrinos que se van a Compostela.

LAS IMÁGENES

En la época medieval eran pocos los que sabían leer o escribir. La transmisión de los contenidos de la religión se llevaba a cabo principalmente a través de las imágenes. Las decoraciones de los pórticos de las iglesias cautivaban a los peregrinos.

En Saint-Lazare

El maestro Gislebertus esculpió entre 1120 y 1135 el tímpano del pórtico: Cristo Juez está en el centro entre los elegidos y los condenados al infierno.

 las metas del peregrinaje desde los primeros siglos de la época cristiana. Pero tuvo lugar un grandísimo auge del peregrinaje a principios del siglo IX a causa del descubrimiento de la tumba del apóstol Santiago en Compostela, en España. Este hecho estimuló la afluencia de peregrinos de todos los lugares de Europa, hombres ricos y «pobres diablos» que,

después de haber hecho testamento y haber procedido a una verdadero ritual de toma del hábito, se ponían en camino. Las etapas obligadas de todos los caminos eran las iglesias, basílicas y capillas que contenían verdaderos o supuestos restos de santos o mártires. El deseo de espiritualidad era fuerte, pero de una espiritualidad que tenía la necesidad de tocar. El culto por las reliquias

Los condenados
Las almas de los condenados
eran arrastradas
hacia el infierno
por unas enormes manos
en forma de tenazas.

Los elegidos
Las almas justas eran
impulsadas hacia el cielo
por criaturas angelicales.

**Los temas
de las esculturas**
En los pórticos
de las fachadas
los escultores románicos
esculpían imágenes que,
como una predicación,
tenían como finalidad
el atraer a los creyentes
y transmitirles
los fundamentos
de la historia
y de la doctrina
cristianas.

impulsó a las multitudes hacia los santuarios que, a su vez, se convirtieron en vehículos para la difusión de doctrinas y ritos de carácter espiritual; sobre todo creó una red de centros que favoreció los contactos y la propagación de culturas, lenguas, estilos de vida e ideas muy diferentes. Europa comenzó a asumir una identidad propia, y era una identidad cristiana.

El renacimiento de la escultura

Entre los siglos XI y XII maduró un arte que puede perfectamente definirse como europeo: es el estilo románico, conocido como arte normando en Gran Bretaña. El término románico subraya los vínculos con la tradición latina, pero el nombre de Roma es más bien un sinónimo de cultura, una llamada a la tradición de la Iglesia, que un mirar al pasado. De

La villa
La imponencia de la catedral
se destaca por su posición:
las viviendas que la rodean son
bajas y están dispuestas
de modo irregular.
Como sustituto
de las murallas
de defensa está el río
que rodea todo el poblado.

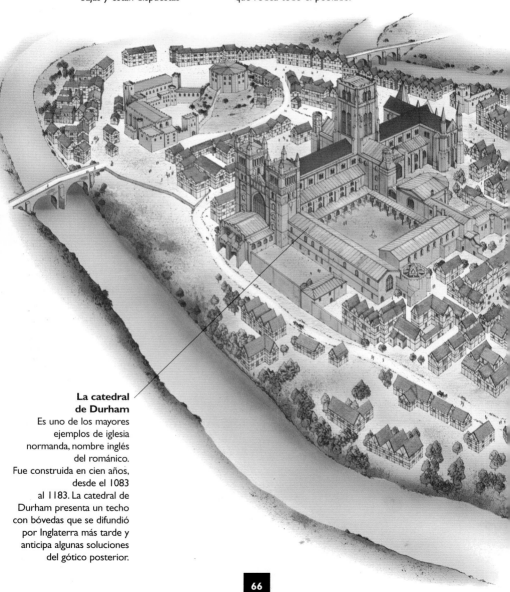

**La catedral
de Durham**
Es uno de los mayores
ejemplos de iglesia
normanda, nombre inglés
del románico.
Fue construida en cien años,
desde el 1083
al 1183. La catedral de
Durham presenta un techo
con bóvedas que se difundió
por Inglaterra más tarde y
anticipa algunas soluciones
del gótico posterior.

LAS IGLESIAS ROMÁNICAS

En la Edad Media la técnica de la elaboración de la piedra, los sistemas de armazón y las reglas de la estática constituyeron un patrimonio de conocimientos experimentales de los constructores de toda Europa. Las iglesias románicas se apoyaban sobre enormes pilares que sostenían arcos semicirculares, llamados arcos de medio punto, y la cobertura que a menudo era en forma de bóvedas.

hecho el arte románico es un arte esencialmente religioso.

En una Europa que estaba acercándose a un nuevo bienestar y tranquilidad, los centros de interés, como veremos en el capítulo siguiente, se desplazarán de los castillos a las ciudades. La ciudad se adecuó a este nuevo espíritu, más concreto. Europa comenzó a llenarse de iglesias y de basílicas, pero también se restauraron las iglesias de los monasterios y de los pueblos. Grandiosas o modestas, construidas en el corazón de la ciudad o en pequeñas aldeas, las iglesias románicas eran verdaderos libros hechos de piedra. La mayor parte de la población era analfabeta pero las esculturas que decoraban las fachadas contaban con imágenes que representaban no sólo las verdades de la fe sino también los conocimientos y las creencias de la época.

En el pasado habían sido los reyes, los monjes y los obispos los que habían construido las iglesias; ahora eran los propios habitantes de los pueblos y de las ciudades los que lo hacían. Es más, las iglesias románicas se convirtieron en el símbolo de una nueva relación con la religión, que partía de las ciudades. Compañías de constructores y picapedreros trabajaron por toda Europa para erigir estos monumentos en un mundo que volvía a tener confianza.

El deseo de renovación afectaba a toda la sociedad. No era una casualidad si en el mismo período en toda Europa el uso de la lengua vulgar, es decir, la lengua que hablaba el pueblo, adquiría dignidad frente al latín, que seguía siendo la lengua de la tradición.

CIUDAD Y CIVILIZACIÓN URBANA

Desde el siglo XI hasta comienzos del XIV el crecimiento de la población y de los recursos han cambiado Europa. El renacimiento de las ciudades ha dado un nuevo rostro al paisaje, y la sociedad europea y el comercio han abierto Occidente al mundo.

El desarrollo

Los recursos agrarios europeos, durante casi toda la Edad Media, habrían podido permitir el constante crecimiento de la población y de la producción necesaria para abastecerla. Sin embargo, las condiciones extraordinarias, vinculadas a las grandes migraciones, impedirían tal desarrollo hasta el siglo IX. Tras las últimas invasiones se volvería a un lento

pero constante aumento de la población. Como se vio en el capítulo anterior, la ampliación de las áreas cultivadas, favorecida por las técnicas, por la creciente disponibilidad de trabajo humano, la capacidad organizadora de los propietarios y los esfuerzos de los campesinos, había impulsado y acelerado el desarrollo demográfico. En los primeros trescientos años del nuevo milenio la población

Las ciudades
La gran cantidad de ciudades que se desarrollaron en la Edad Media durante la fase de crecimiento demográfico tenían los orígenes más diversos. Había antiguas ciudades romanas como Pavía, Treviri o París; ciudades de nueva fundación, que habían surgido cerca de un monasterio (Malines) o de un castillo (Gante); ciudades construidas en un ambiente adecuado como refugio (Venecia); asentamientos realizados por razones defensivas (Ávila). Al lado, una vista del París medieval en un grabado del siglo XVI.

europea occidental había pasado de 30 millones de personas en el año 1000 a los 74 del 1300. Sólo en este punto el desarrollo se interrumpió momentáneamente. Se piensa que no más del 15 % de la población europea vivía en burgos y ciudades, pero de cualquier forma el desarrollo urbano representó un cambio profundo para la sociedad europea. Los centros urbanos se impusieron como lugares para el comercio de los productos agrícolas que los campesinos producían en exceso respecto a sus necesidades. El desarrollo de los asentamientos y de los mercados favoreció además una división cada vez más clara entre el trabajo que se desarrollaba en la ciudad y el trabajo del campo; y, en el interior de la ciudad, entre los que se ocupaban de las diversas actividades de manufactura, comerciales y financieras. La vida urbana se convirtió en el motor del desarrollo europeo y la imagen de

NUEVAS MURALLAS
En Florencia, una de las ciudades medievales más ricas, las murallas de la ciudad fueron ampliadas varias veces en unos ciento veinte años. Pocas ciudades la superaban: Londres en el años 1300 tenía 50 000 habitantes y Paris 200 000.

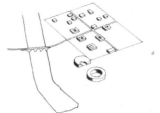

Florencia romana
En el siglo III albergaba cerca de 10 000 habitantes. Después tuvo un largo periodo de decadencia.

Las murallas del siglo XII
En 1050 Florencia tenía 20 000 habitantes pero ya al final del siglo XII las nuevas murallas costruidas en 1175 eran insuficientes para una probación de 30 000 habitantes.

La muralla curvada
Entre 1284 y 1333 fue edificada una muralla muy larga que comprendía las nuevas iglesias de los monjes mendicantes y que resultó suficiente hasta el final del siglo XIX. El desarrollo demográfico había sido in aquello años muy elevado: 75 00 habitantes en 1200, 85 000 en 1250, y 100 000 en 1300

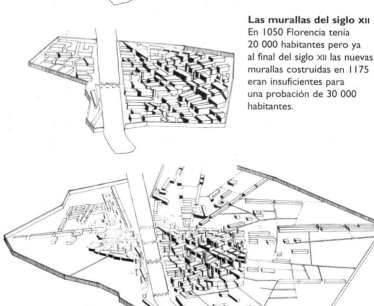

Las torres
Signos del poder
de las familias
de tradición más
antigua y más ricas,
con la sucesión
de las luchas políticas
y la afirmación de
nuevas clases, fueron
a menudo derribadas.

La iglesia
Junto con el palacio
comunal y la plaza
del mercado era
un punto de referencia
para el forastero.

**Las actividades
de la ciudad**
Estaban sobre todo
ligadas a la elaboración
de los tejidos,
a los trabajos
de artesanía
en madera o hierro
y a los alimentos.

La vida social
Se desarrollaba
generalmente en la
calle o en los patios
de las casas, espacios
cerrados a los que
se accedía desde
las callejuelas
a menudo aisladas
mediante puertas.

El palacio comunal
Centro de la política ciudadana, era la sede del gobierno y atestiguaba la autonomía política respecto a la autoridad imperial o episcopal.

La topografía de las ciudades
Aún hoy, las ciudades revelan su origen medieval en la tortuosidad y en el enredo de las calles del centro histórico. En la foto, Ciudadela, en la provincia de Padua.

Europa asumió connotaciones nuevas que han permanecido hasta hoy.

La economía ciudadana

Las actividades comerciales y las manufacturas caracterizaban la economía ciudadana. La circulación de monedas constituía un requisito indispensable para todo ello. El descubrimiento y la explotación de filones de plata en Sajonia, Bohemia, Carintia, Hungría, la Toscana meridional y los Pirineos favoreció, especialmente en el siglo XII, la disponibilidad de moneda. A mediados del siglo XIII los mercantes italianos que frecuentaban los puertos del Mediterráneo bizantino e islámico acumulaban recaudaciones en oro; a partir del año 1250, Florencia y Génova comenzaron a forjar monedas áureas. La manufactura se desarrolló también gracias a la adopción de modelos organizativos y defensivos, el principal de los cuales fue la agrupación de los oficios en gremios; es decir, asociaciones formadas por aquellas personas que llevaban a cabo la misma actividad y querían defender un interés común. Las corporaciones reunían a los maestros de las diferentes artes y se admitían en posición subordinada a sus colaboradores (*socii* o *laborantes*) y también a los aprendices (*discipuli*). Severas normas disciplinarias regulaban las relaciones entre maestros y trabajadores, fijaban la duración del aprendizaje y regulaban la adquisición y empleo de las materias primas. De hecho era necesario garantizar la buena calidad del producto y evitar producir superabundancia de mercancías, cosa que ocurriría como consecuencia de la competencia no regulada entre tiendas

LA LANA DE FLANDES
Un ejemplo de la especialización de la producción era la región de Flandes donde, a partir del siglo XII, se comenzaron a producir tejidos de lana.

La preparación
Más tarde la fibra se enroscaba en un huso para obtener un hilo muy fino. En este punto se pasaba a la tejedura que desde el siglo XIII se realizaba con la ayuda de un telar horizontal.

Las fases preliminares
Después de haber esquilado a las ovejas con tijeras, mediante las vibraciones producidas por un arco desenredaban las fibras.

de una misma rama en el restringido mercado de la ciudad.

Junto a la ordenación profesional en la ciudad se desarrolló una jerarquía política. La primera tendía a confundirse con la segunda. La ciudad ofrecía protección y garantizaba muchos derechos a quien vivía en ella: el burgués, es decir, el habitante del burgo. Pero el poder estaba en manos de un pequeño número de familias, las más ricas, que formaban un patriciado que comprendía, dependiendo de las ciudades, grandes mercaderes –como en muchas ciudades europeas– o grandes terratenientes –en particular en las ciudades italianas del centro Norte donde, precisamente por la precoz recuperación económica de la ciudad, desde los siglos X-XI habían ido a vivir muchos señores del campo. Estos eminentes grupos sociales organizaron los ayuntamientos, asociaciones que reunían a los cabezas de familia del núcleo urbano para garantizar la paz interna de la colectividad urbana, su autonomía respecto a los viejos señores feudales –el obispo de la ciudad, el capítulo de la catedral, el abad de un monasterio, el señor de la fortaleza que protegía un burgo– y su defensa frente al exterior. Y siempre eran estos grupos sociales eminentes los que dominaban las asambleas políticas de las ciudades, los denominados *consigli* en italiano, *rat* en alemán y *échevinage* en flamenco.

Por lo tanto las ciudades comenzaron desde el siglo XI a tener una cierta autonomía frente a los poderes tradicionales y, mientras en Italia empezaron a dominar los campos de sus alrededores dando vida más tarde a estados de dimensión regional, en el resto de

El acabado
Luego se sometía la tela a la batanadura, o sea, se golpeaba en el agua. Finalmente se sometía a la tundidura, es decir se igualaba con unas grandes tijeras.

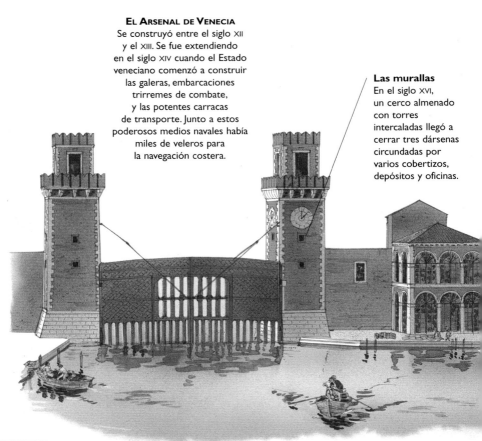

EL ARSENAL DE VENECIA
Se construyó entre el siglo XII y el XIII. Se fue extendiendo en el siglo XIV cuando el Estado veneciano comenzó a construir las galeras, embarcaciones trirremes de combate, y las potentes carracas de transporte. Junto a estos poderosos medios navales había miles de veleros para la navegación costera.

Las murallas
En el siglo XVI, un cerco almenado con torres intercaladas llegó a cerrar tres dársenas circundadas por varios cobertizos, depósitos y oficinas.

Europa raramente lograron superar los confines de las propias murallas. Además en Italia el contraste entre el orden de los *nobiles* o *milites*, caracterizado por una vida militar o por una base económica que les proporcionaba la tierra, y el orden de los artesanos y mercaderes ricos produjo una inestabilidad crónica de las instituciones del ayuntamiento urbano. Ese fue el caso de Florencia donde el pueblo, constituido por los burgueses más ricos –personas que trabajaban la lana o la seda, jueces y notarios, cambistas, médicos, boticarios y peleteros– conquistó en 1293 el poder de la ciudad derrotando definitivamente a la vieja nobleza.

La reanudación del comercio: el mundo mediterráneo

La expansión de la agricultura y de la vida urbana fue acompañada de una revolución de las actividades comerciales. El mundo mediterráneo se convirtió en

La carraca
La flota veneciana se dividía en embarcaciones alargadas y naves redondas. Estas últimas, las carracas, servían para el transporte de las mercancías que más abultaban. Tenían tres mástiles y un puente coronado por una alta toldilla.

La galera
Las galeras venecianas defendían los grandes convoyes de carracas. Eran las más bonitas y maniobrables, estaban hechas por hábiles obreros del arsenal en madera de calidad. A la izquierda: Vittore Carpaccio, *Ciclo de Santa Úrsula*, detalle del *Encuentro de los novios y partida en peregrinación*. Venecia, Galería de la Academia, 1490-95.

una gran telaraña de rutas marítimas recorridas por las repúblicas marineras italianas: Amalfi, Pisa, Génova y Venecia. Gracias a su favorable posición geográfica las tropas italianas entraron en contacto con las potencias bizantina y musulmana y, gracias a la mediación de estas últimas, con los lejanos mundos de Asia y África. Los genoveses en particular establecieron varias bases en las costas de Asia Menor y en las del Mar Negro: los puertos de Caffa y Trapisonda se encontraban en la desembocadura de las vías caravaneras de Asia Central o de los grandes ríos de las llanuras rusas. Las naves venecianas llegaban hasta Oriente Próximo, a Acre, a Jaffa, a Beirut y después a Alejandría, en Egipto, donde se abrían las puertas de Sudán, rico en oro, e incluso más allá de la Península Arábiga. Las mercancías que los comerciantes italianos embarcaban eran en general poco voluminosas: tejidos, cueros trabajados, especias, colorantes, medicamentos, oro y plata.

La reanudación del comercio: los mares nórdicos

El otro gran polo comercial de Europa se situaba en el área del Mar del Norte y del Mar Báltico donde se impusieron los comerciantes alemanes. Sus actividades llevaron a la constitución de un imperio comercial en manos de la Liga Anseática o Ansa, una asociación económico-política de muchas ciudades que se constituyó a finales del siglo XIII con la fusión de asociaciones rivales como las de Colonia, Hamburgo y Lubeck. Sus mercaderes comerciaban con materias primas y géneros alimenticios: minerales de cobre o de estaño, madera para construcción, grano, arenques; pero también con pieles y pellizas que habían llegado del Norte europeo, y telas y tejidos de Flandes: célebres por la suavidad, por la perfección del hilado y por el esplendor de los colores eran los tejidos de Gante, Ypres y Brujas. Los mercaderes anseáticos llegaron hasta

El coste de los transportes
Era considerable, el precio del grano ruso podía aumentar en un tercio a su llegada a Francia, y triplicarse en Italia.

LUBECK
A través de los puertos anseáticos, por Lubeck en particular, transitaban el grano de Prusia, las pellizas y la miel de Rusia, madera de construcción, brea, pescado seco, arenques salados, especias orientales y telas de Flandes.

los Países del Norte –Estocolmo fue fundado hacia 1251– y el oriente ruso, llevando la colonización alemana hacia el Este. A través de Novgorod, por vía fluvial podían llegar a Kiev.

El mundo mediterráneo y el de Europa del Norte comerciaban sobre todo por vía marítima. En los diversos puertos europeos los mercaderes extranjeros tenían a su disposición amplios almacenes y lugares de acogida, llamados en Oriente *fondacs*. En general, los mercaderes de una misma nación tendían a hospedarse en los mismos lugares para afrontar mejor las mil dificultades que podían surgir.

Toda la red comercial en el interior de Europa se desarrollaba con una preferencia clara por las vías fluviales: barcas con el fondo plano surcaban el Támesis, el Mosa, el Mosela, el Rhin, el Sena, el Loira, el Po.

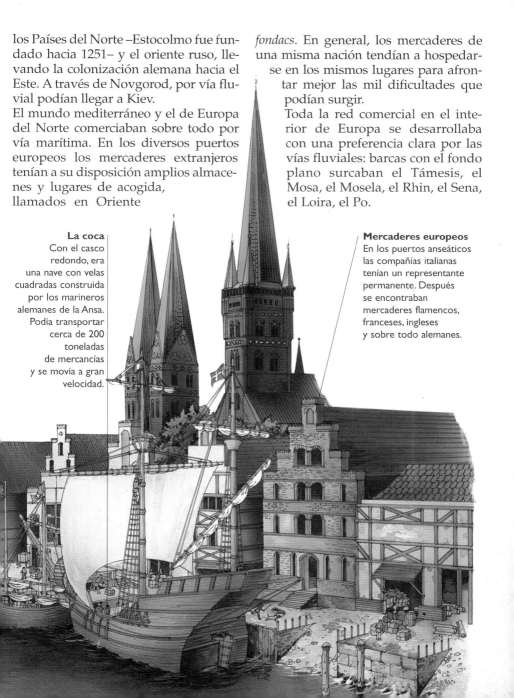

La coca
Con el casco redondo, era una nave con velas cuadradas construida por los marineros alemanes de la Ansa. Podía transportar cerca de 200 toneladas de mercancías y se movía a gran velocidad.

Mercaderes europeos
En los puertos anseáticos las compañías italianas tenían un representante permanente. Después se encontraban mercaderes flamencos, franceses, ingleses y sobre todo alemanes.

Los puentes
La construcción de puentes de ladrillo en lugar de los de madera constituyó una señal evidente de la reanudación de los transportes, también por carretera, en la Baja Edad Media.

La catedral
En Troyes, a finales del siglo XIII, se comenzó a construir la gran catedral gótica de San Pedro y San Pablo

Los contratos
Los acuerdos, los pagos y los cambios de dinero son vigilados por los superintendentes de la feria.

LA FERIA DE TROYES

Entre el 1150 y finales del siglo XIII, cuatro ciudades de la región francesa de Champagne, Bar-sur-Aube, Lagny, Provins y Troyes albergaban la mayor concentración de intercambios comerciales de toda Europa.

Las casas mercantiles
Los extranjeros encontraban un refugio en los edificios que les hospedaban. El que no encontraba un sitio en la feria, acampaba en los confines de la ciudad.

Los productos
Del norte de Europa llegaban productos textiles; del Sur pieles, tejidos de lana trabajada, sedas y especias del levante y caballos; del Oeste (Alemania) sobre todo pellizas.

La reanudación del comercio: ferias y mercados

Los mercaderes europeos tenían la ocasión de encontrarse en las famosas ferias internacionales medievales. Los comerciantes eran en general mercachifles que debían ir en persona a proveerse o a vender mercancías en lugares lejanos. Por esto su trabajo era peligroso. Era común que se asociasen en gremios o corporaciones para defender sus propios derechos e intereses. La Iglesia aprendió poco a poco a apreciar su función de distribuidores de mercancías y por lo tanto de procuradores del bienestar de la colectividad, y comenzó a justificar algunas prácticas comerciales y financieras como la del préstamo con intereses que anteriormente siempre había condenado.

Así pues en las ferias, los comerciantes encontraban garantías: una legislación precisa garantizaba por ejemplo el orden público y establecía la regularidad de las compraventas. Entre las ferias más célebres estaban las de Champagne, al norte de Francia, que desempeñaron un papel importantísimo al poner en comunicación el Norte con el Sur. A diferencia de los mercados vinculados al comercio local, que tenían una periodicidad semanal y en los que se comerciaba únicamente con productos alimenticios, las ferias tenían una frecuencia estacional para todos los tipos de mercancías. Las de Champagne, las más célebres, se realizaban seis veces al año en los cuatro centros mayores y, en poco tiempo, gracias a la favorable posición geográfica, se convirtieron en el punto de encuentro más importante de los mercaderes provenientes de Flandes, de Inglaterra, de Provenza, de España y de Italia.

Por lo tanto la cristiandad occidental estaba, entre los siglos XII y XIII, en un período de fuerte expansión económica. Esta gran disponibilidad de recursos se tradujo también en una gran expansión de tipo militar y, como veremos en el próximo capítulo, en un fuerte dinamismo político.

Las cruzadas

En el año 1096 el papa Urbano (1042-1099) invitó a las potencias cristianas a una gran empresa militar como era la liberación de Palestina, lugar de la vida terrena de Jesucristo, en manos de los musulmanes desde el siglo VII. Desde hacía siglos los cristianos estaban acostumbrados a peregrinar hasta la Tierra Santa. Y desde hacía siglos habían comenzado a pensar que una guerra contra aquellos que eran definidos como «infieles» era un deber. En cierto sentido, las raíces ideológicas de este comportamiento se remontaban a los siglos de las invasiones bárbaras y a las conversiones forzadas de los sajones. Europa y el mundo islámico habían entrado en contacto a través de las ya avanzadas experiencias de dominación árabe en España y en Sicilia. Pero los europeos asociaban a los musulmanes con la furia de las incursiones sarracenas. Por lo tanto se estaba conjeturando para transformar la tradición del peregrinaje religioso a Tierra Santa en un peregrinaje «armado». El peregrino se cosía en las vestiduras una cruz, de aquí el término cruzado: era un penitente al que se le había permitido llevar a cabo un camino

Los nobles
De todas las partes de Occidente, impulsados por el sueño de nuevas conquistas, llegaban nobles y caballeros deseosos de obtener, con su peregrinaje armado, la absolución de los pecados.

EL EMBARCO
En los puertos de la Italia meridional una variopinta multitud de religiosos, caballeros y pobres esperaba a menudo para embarcarse en una nave veneciana con dirección a Grecia.

Los religiosos
Movidos por sentimientos religiosos, los cruzados persiguen también a los hebreos que se encuentran por el camino y a los griegos, los cuales se habían separado de la Iglesia de Roma.

Las naves
En el transcurso del tiempo, la flota cruzada fue proporcionada en su mayoría por la República de Venecia.

Los mendigos
Fieles sin armas, aventureros improvisados, profetas locos constituían la vanguardia de las cruzadas.

de expiación de sus propios pecados y tomar las armas contra los no creyentes.

Los primeros en partir fueron los pobres; de toda Europa partieron campesinos en busca de tierras para arar y mendicantes acostumbrados a frecuentar los hospicios, lo que revelaba cuál era uno de los principales motivos de las cruzadas: su carácter económico. Occidente se estaba repoblando y se buscaban nuevas tierras de ultra-mar. Por otra parte fueron las repúblicas marineras italianas las que proporcionaron las naves, en busca de beneficios y también de sólidos puntos de apoyo en las ciudades conquistadas para su tráfico comercial con Oriente. Más tarde partieron los señores feudales, los caballeros, movidos por el intento de defender la fe en su calidad de «soldados de Cristo».

Según la mayor parte de los historiadores fueron ocho las cruzadas proclama-

Los estudiantes
Eran sobre todo clérigos que estaban destinados a formar parte de la élite intelectual de la Iglesia.

LA UNIVERSIDAD
La cultura que se impartía en las universidades medievales se limitaba en gran parte al estudio de las siete artes liberales: del trivio, es decir, la gramática, la retórica y la dialéctica; y del cuadrivio, o sea, la aritmética, la geometría, la música y la astronomía. Junto con teología, derecho y medicina.

La *lectio* y la *quaestio*
En la enseñanza «escolástica» el libro era importantísimo. La lectura de un texto era la primera fase del método de estudio. Una vez leído el libro se pasaba a la segunda fase: se formulaba un problema.

das oficialmente entre los años 1096 y 1270, pero en realidad fueron bastantes más. Es más, tras una expedición rápidamente se organizaba otra, de tal modo que no hubo una verdadera interrupción: se habla incluso de las Cruzadas como de una cruzada permanente. El desastre de las Cruzadas fue total. Las conquistas cristianas en Tierra Santa fueron efímeras. Occidente encontraría en otro lugar sus zonas de expansión.

El Renacimiento cultural

En la Europa de las Cruzadas y del renacimiento urbano, es decir del fervor religioso y de la recuperación económica, tiene lugar un nuevo fenómeno: renace la cultura, que hasta aquel momento se había quedado confinada sobre todo en los monasterios. Se desarrollaron las primeras escuelas urbanas, promovidas por los obispos a partir de la instrucción elemental para formar nuevos sacerdotes

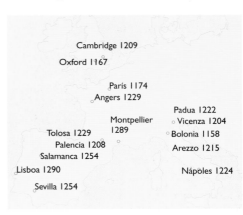

Cambridge 1209
Oxford 1167
París 1174
Angers 1229
Padua 1222
Montpellier 1289
Vicenza 1204
Tolosa 1229
Bolonia 1158
Palencia 1208
Arezzo 1215
Salamanca 1254
Lisboa 1290
Nápoles 1224
Sevilla 1254

Las primeras universidades
En el recuadro se muestran las fechas de fundación de las más famosas universidades europeas nacidas en los siglos XII y XIII.

La *diputatio* y la *determinatio*
El problema se afrontaba en una tercera fase, la discusión. Después se hallaba una solución, fruto de una decisión intelectual, en una cuarta fase: la *determinatio*.

pero también funcionarios civiles. En las ciudades comenzó a difundirse un nuevo tipo de enseñanza superior en la que se utilizaban los clásicos griegos, y en particular a Aristóteles, para explicar los dogmas de la religión. De este modo, entre el final del siglo XI y el comienzo del XII, se contrapusieron dos tipos de enseñanza, la «escolástica» en las ciudades y la «monástica» en las abadías. El debate cultural creció, también en virtud de la multiplicación de las escuelas superiores. La figura del docente se convierte en una figura profesional, capacitada y pagada por el obispo o por otra autoridad y su papel se hizo cada vez más prestigioso y exclusivo. Los estudiantes empezaron a desplazarse a través de Europa para asistir a las clases de los diversos docentes, cuyo prestigio les daría autoridad para guiar a sus propios estudiantes hacia el enfrentamiento con el poder civil o eclesiástico y defender la autonomía de enseñanza. Esta solidaridad entre estudiantes y docentes dio vida a las asociaciones de estudiantes y docentes que tomaron el nombre de universidades, las cuales obtuvieron varias exenciones de la jurisdicción municipal o episcopal y se autogobernaron eligiendo un jefe o rector. La Universidad, a partir del siglo XIII, comenzó a transformarse pasando de ser una asociación primaria a ser un lugar poblado por estudiantes y docentes con aulas y colegios, que tenía como finalidad la elaboración del saber.

El arte gótico

Las primeras escuelas surgieron, como se ha visto, por la iniciativa de los obispos de las ciudades. La iglesia urbana por

Los arcos góticos
La forma de dos curvas que se unen en una punta le da el nombre de arco ojival. El alargamiento acentúa la impresión de que la catedral se extiende hacia lo alto.

LAS CATEDRALES GÓTICAS

En el año 1194 la catedral de Chartres fue completamente destruida a causa de un incendio. Las soluciones innovadoras introducidas para su reconstrucción definen las características fundamentales de la arquitectura gótica.

Los contrafuertes

Son una especie de espolones de construcción que, junto a los arcos rampantes externos, contrastan el empuje de las bóvedas y de los arcos en el interior de la iglesia.

Las estatuas-columnas

Las figuras que adornaban la fachada de la catedral estaban esculpidas en el mismo bloque que hacía de columna.

excelencia era la Catedral; allí era donde estaba la cátedra, es decir, la sede del obispo. En las canteras de una catedral se encontraban el arquitecto y el ingeniero, pero también el teólogo atento al significado simbólico de todos los elementos estructurales y decorativos. Todos los artesanos de la ciudad tomaban parte en la construcción de la gran catedral: carpinteros, vidrieros, picapedreros... Se construían edificios muy altos que se erguían sobre paredes que estaban llenas de vidrieras multicolores con arcos ojivales. Los campanarios eran proporcionales a estos edificios: los de las catedrales francesas de Reims, Chartres y Estrasburgo medían respectivamente 82, 130 y 142 metros; el de la catedral de Ulm, en Alemania, 160 metros. El arte gótico era el triunfo de la Iglesia, de la ciudad, de la altura, de la luz, de elementos que impactaban a los sentidos y revalorizaban los sentimientos humanos; era el arte de un mundo joven, rico en inventiva y esencialmente urbano.

Los órdenes mendicantes

Otro fenómeno estrechamente ligado a la ciudad fue el del nacimiento de las órdenes mendicantes. El arte gótico manifestaba la

ÓRDENES MENDICANTES
Eran los Franciscanos y los Dominicos que, según las exigencias de reforma que se habían difundido en la Iglesia a partir del siglo XI, rechazaban toda posesión material y vivían de la caridad. Su misión principal era la predicación.

Los Dominicos
El apostolado de Domingo consistía en pedir limosna y predicar de pueblo en pueblo. Su orden, nacida en 1206, destacó rápidamente en la lucha contra la herejía, obteniendo en 1231 la gestión de la comisión de la Inquisición del papa Gregorio IX. Arriba, el Papa funda la Inquisición. Venecia, Biblioteca de San Marcos

El capítulo
Era la asamblea que afrontaba todos los problemas —materiales y espirituales— de la comunidad monástica. Se llamaba así porque en su origen cada día un monje leía un capítulo de la Orden.

religiosidad y el orgullo de una comunidad urbana y toda la población por este motivo participaba en su construcción; del mismo modo los franciscanos y los dominicos representaban otro ejemplo de religiosidad radicada en la sociedad. En el siglo XIII se debatía sobre la fe incluso en la plaza, en las tiendas, en el mercado... Algunos predicadores, que no eran clérigos sino a veces hijos de artesanos y comerciantes, hablaban de renunciar a las riquezas para recuperar los que consideraban que eran los verdaderos valores del Evangelio, el abandonar todo tipo de propiedad personal, la austeridad en las costumbres y la simplicidad en las vestiduras y en la alimentación y la dedicación a los trabajos humildes y manuales. Francisco de Asís (1182-1226), una personalidad de profunda espiritualidad, seguramente entre las más importantes de la historia del cristianismo, después de un acto solemne de renuncia a los bienes paternos y un período de penitencia, fundó una pequeña comunidad de religiosos con-

**Nacimiento
y desarrollo
del orden franciscano**
La Orden de San Francisco fue aprobada verbalmente por el papa Inocencio III desde 1210. En los primeros decenios del siglo XIV los franciscanos habían superado probablemente los 30 000 miembros.

Era iniciado y conducido por
el inquisidor, que operaba en
una diócesis pero dependía
del Papa y no del obispo local.
Si el acusado, que caía bajo
la autoridad de la Inquisición
incluso sólo por haber escuchado
discursos o prédicas de herejes,
era reincidente, la condena
a muerte era inevitable.

El acusado
Su culpabilidad podía
obtenerse incluso
de testimonios.

El inquisidor
Su finalidad era
indagar en el alma
del acusado
para inducirle
a una confesión.

La autoridad civil
La entrega
del acusado

a la autoridad civil
equvalia a una
condena a muerte.

Fray Dulcino
En el invierno de 1306-1307, fray Dulcino, un hereje que auspiciaba, entre otras cosas, el fin de la autoridad papal y la pobreza absoluta, opuso resistencia armada a las autoridades eclesiásticas en los Alpes piamonteses. Una vez capturado murió torturado en 1307. Arriba, miniatura sacada del *Infierno* de Dante, manuscrito del siglo XIV. Venecia, Biblioteca de San Marcos.

La tortura
La autoriza el papa Inocencio V en 1252.

sagrada a la pobreza y a la predicación. Por su parte el español Domingo de Guzmán (1170-1221) fundó una comunidad de sacerdotes consagrados a la predicación de la doctrina cristiana, itinerantes y pobres, del mismo modo que los apóstoles. Franciscanos y dominicos constituían órdenes de frailes, es decir, hermanos, los cuales, a diferencia de los monjes que vivían en una claustro aislado, construían sus basílicas y sus iglesias en los lugares más poblados del mundo, los cuales eran precisamente las ciudades. De todas formas los frailes no residían constantemente en un mismo sitio puesto que debían desplazarse a causa de la predicación. Los franciscanos estuvieron durante mucho tiempo divididos entre la tendencia a una orden marcada por la pobreza y otra en mayor consonancia con el poder de la Iglesia. Los dominicos se convirtieron en los defensores de la predicación y de la lucha contra la herejía.

Los movimientos heréticos
No todos aquellos que auspiciaban una reforma de la Iglesia permanecieron fieles a la Iglesia de Roma. Uno de estos casos fue por ejemplo el de los bogomilos, «amigos de Dios», una secta maniquea que tenía muchos puntos en común con los cátaros, «los puros», que creían en la existencia de dos principios, el bien (el espíritu) y el mal (la materia), perpetuamente en lucha entre sí; por esto negaban la realidad humana, material de Cristo. También era el caso de los valdenses –del nombre de Valdo, un rico comerciante de Lion que en un determinado momento de su vida había decidido vivir en la pobreza absoluta– que rechazaban por ejemplo el

purgatorio, el culto a los santos, negaban la sacramentalidad de la comunión y de la confesión. A partir del siglo XI habían nacido una serie de sectas y su fuerza había hecho mella en todo en el pueblo: exigían una reforma de la Iglesia pero, a medida que se hacían más combativas y populares, la jerarquía comenzó a declararlas heréticas, es decir fuera de la doctrina predicada por la Iglesia. La represión sistemática comenzó a partir del siglo XIII. El papa Inocencio III (1198-1216) proclamó una cruzada contra los cátaros de Albi, una ciudadela de Francia. Pero contra las herejías se procedió también a través de la Inquisición o sea la investigación sistemática de las doctrinas heréticas, a través de indagaciones, interrogatorios y un proceso acusatorio en el Tribunal de la Inquisición. Sin embargo la ejecución de la condena se confiaba a las autoridades civiles.

El descenso demográfico

Entre el siglo XI y el XIII la cristiandad, además de vivir el fuerte período de expan-

Punición divina
En la época medieval se consideraba que la peste era un castigo de Dios. Por este motivo procesiones de penitentes —y flagelantes— recorrían las calles azotándose el cuerpo en señal de arrepentimiento.

La asistencia
La realizaban principalmente los religiosos, pero los conocimientos médicos eran escasos. Los muertos eran quemados y enterrados en fosas comunes.

sión que hemos visto, se había reorganizado desde el punto de vista político. Ya en los primeros años del siglo XIV muchas regiones europeas estaban más pobladas de lo que los recursos agrarios de la época podían permitir. La carestía volvió a minar y debilitar la capacidad de la población de resistir a las enfermedades. La medicina, aún deficiente, la higiene pública escasa y el hacinamiento en las ciudades habían aumentado la posibilidad de difusión de las epidemias. Entre el siglo XIII y el XIV el crecimiento de la población ya se había parado. Pero lo que más afectó a los niveles demográficos fue infligido por una espantosa pandemia de peste que se propagó por Europa entre 1347 y 1351. Desde entonces la peste se extendió por Europa manifestándose en intervalos de tiempo más o menos largos y alterando zonas más o menos vastas.

Hacia la mitad del siglo XV la población europea era menos de la mitad de aquella de comienzos del siglo XIV. Pero a partir de entonces se iniciaría una historia económica y política nueva.

EUROPA: IMPERIO O ESTADOS

Al malograrse el gran proyecto de crear en Europa un gran imperio universal, Italia y Alemania quedaron políticamente deshechas. Mientras, comenzaron a formarse grandes estados territoriales como Inglaterra, Francia y España.

Papa y emperador
En Bizancio el problema de las relaciones entre el Imperio y la Iglesia se había resuelto hacía tiempo: el emperador reunía en sí mismo el poder espiritual y el temporal. Sin embargo, en Occidente este problema ya había aparecido en la época de Carlomagno, en el siglo IX. Frente a una Iglesia que se había dejado contagiar por la corrupción y por la inmoralidad y a una sociedad que aún no había superado las penalidades de las migraciones y de la violencia que siguieron a estas, el rey franco se había sentido autorizado, una vez proclamado emperador, para reformar la Iglesia. La protección se había transformado fatalmente en control: Carlomagno había comen-

LA INVESTIDURA
Es la atribución de un poder a los obispos por parte del Emperador. Este tipo de poder con el tiempo se equiparó a un verdadero beneficio feudal y, como tal, estuvo sujeto a un determinado ritual.

El Imperio en 1050
El Sacro Imperio Romano a la mitad del siglo XI tenía su espina dorsal en las actuales Alemania y Austria y comprendía territorios desde Borgoña hasta la actual Hungría y el norte de Italia.

zado a nombrar él mismo a los obispos. Este poder de nombramiento –la investidura– se había cedido, en el interior de la jerarquía del mundo feudal, a los vasallos menores. Al final, todos los príncipes se habían sentido con derecho a nombrar un obispo propio que, a cambio de un feudo, debería serle fiel. El emperador sajón Otón I había hecho aún más rígido este control y esta protección: a través de los obispos nombrados por él mismo e investidos con el beneficio de un feudo, los obispos-condes, administraba su propio Imperio; la propia elección del papa, con el *Privilegium Othonis* del año 962, tendría que recibir su autorización. La Iglesia se opuso a todo ello con la Reforma gregoriana, que tomó su nombre del papa Gregorio VII (1073-1085). Este había promulgado 27 disposiciones,

El Emperador
Para el Emperador era importante tener el apoyo de los obispos. Cuando la lucha por las investiduras se acabó (1073-1122), a los obispos y al papa se les reconoció el poder espiritual; al Emperador el temporal.

El obispo
El nombramiento del obispo, cabeza de la iglesia local, por parte de una autoridad no religiosa, impulsaba al propio obispo a entrar en el engranaje feudal. Vasallo del rey y a su vez señor de otros vasallos, el obispo actuaba como un simple señor feudal.

El báculo pastoral
El obispo recibía del Emperador el báculo pastoral, símbolo del poder episcopal.

el *Dictatus papae*, en el cual había reforzado la absoluta potestad del pontífice sobre toda la Iglesia y su superioridad sobre cualquier poder terreno. El Papa contraatacaba: esta vez era él el que podía deponer a los emperadores. La contienda se atenuaría en el año 1122 con el tratado de Worms: el Emperador se comprometía a renunciar a la investidura de los obispos. Era el primer reconocimiento concreto de la separación entre los dos poderes, el espiritual y el terrenal.

La disgregación del Imperio

Al final del siglo XII, aunque la lucha por las investiduras se había acabado prácticamente, la contienda entre la Iglesia y el Imperio por el dominio del mundo cristiano estaba aún en plena actividad y parecía que iba a tener consecuencias negativas para aquella parte de Europa donde se desarrollaban: en particular los territorios de Alemania y de Italia. Esta lucha favorecía a las fuerzas que se obstinaban en romper la unidad del Imperio y contribuyó al fraccionamiento político que duraría hasta el siglo XIX.

En Alemania, la lucha entre el Papado y el Imperio favorecía a los príncipes rivales y enemigos de los emperadores. Estos últimos eran llamados a menudo a Italia, lo que les obligaba a desatender los asuntos alemanes durante largos períodos de tiempo. Por otra parte los emperadores tenían un gran interés en ir a Italia, donde, reclamando el pago de los impuestos correspondientes al emperador, ya que él era también el rey de Italia —un reino que se extendía sólo hasta el valle del Po—, pretendían aprovechar el extraordinario progreso económico de

LA BATALLA DE LEGNANO
El emperador Federico Barbarroja es derrotado en el año 1176 en Legnano, en la Italia septentrional, por una coalición de los ayuntamientos de las ciudades de Lombardía. Esto supuso el fracaso del proyecto del Emperador de dar un sistema estable bajo su autoridad a la península italiana.

El carro de combate

En el curso de los siglos XII y XIII este particular carro se usaba en la batalla como símbolo de orgullo del ayuntamiento defendido por sus ciudadanos. Cuando los ayuntamientos confiaron la labor de defensa a soldados mercenarios la ostentación de este símbolo perdió sentido. Sobre el carro se celebraba la misa y desde este el jefe militar dirigía la batalla.

Los estandartes

El carro llevaba sobre la parte de arriba el estandarte del ayuntamiento de Milán, el cual dirigía la expedición, pintado con colores fuertes o recubierto de telas polícromas.

aquellas regiones. Pero aquí entraban en conflicto con el espíritu de independencia de los ayuntamientos italianos. El largo reinado de Federico Barbarroja (1152-1190) señaló el momento de máximo esplendor del poder imperial en Alemania. Su hijo Enrique VI (1165-1197) logró conquistar con un matrimonio la corona del reino normando de Sicilia, que después pasó a su vez a su hijo Federico II.

Federico II de Suabia (1194-1250) se encontró de este modo reinando a la vez en Alemania y en el estado creado por los normandos en la Italia Meridional, punto de encuentro de lenguas y de culturas diversas como la griega, la árabe y la latina. Dio al Estado normando, agitado durante su comienzo por el comportamiento de los señores feudales que se habían apropiado de los derechos y bienes fiscales sin destruir la unidad del Estado, una administración capilar y centralizada, impuso una rígida política de recaudación de impuestos, hizo que derribaran los castillos feudales y creó un sistema militar regio. En el norte de Italia, Federico II luchó contra los ayuntamientos que no reconocieron su autoridad imperial. Una vez muerto el papa Inocencio III (1198-1216) –que había trabajado activamente para mantener separados al Imperio y el reino de Sicilia–, Federico II se hizo proclamar emperador en el año 1220.

Sin embargo en Italia la lucha entre la Iglesia y el Imperio, además de dividir las ciudades internamente entre los defensores del emperador y los que por

LA CAZA DEL HALCÓN
Federico II amaba la caza, sobre todo la que practicaba con los leopardos y sobre todo con los halcones. Pero Federico amaba también las ciencias de la naturaleza: estudiaba el comportamiento de los halcones y sus presas.

Castel del Monte (Pulla)
Iniciado en el año 1240, es una síntesis de la cultura del Emperador: manifiesta el interés por el mundo clásico, la relación con el mundo cisterciense y con el gótico franco-renano y su interés por los conocimientos técnicos de la civilización islámica.

Los halcones
El cuidado de los halcones se confiaba a decenas de halconeros. Federico mantenía correspondencia sobre este tema con los soberanos árabes.

Federico II
Arriba, el nacimiento de Federico durante el viaje de su madre a Sicilia, en la *Crónica de Giovanni Villani* (siglo XIV). Roma, Biblioteca Vaticana.

Su madre era Constanza de Altavilla, hija de Rogelio II, el gran fundador de la monarquía normanda en la Italia Meridional.

el contrario apoyaban la política papal, favoreció el ascenso político de las propias ciudades y por lo tanto impidió el poder llegar a una unificación de la Península. La Italia de la época de Federico II estaba dividida sustancialmente en tres partes: el Norte era dominio de los emperadores alemanes pero las ciudades reivindicaban cada vez una mayor autonomía y estaba naciendo la poderosa República de Venecia; el centro constituía el denominado Patrimonio de San Pedro, un territorio en el que los papas reinaban como soberanos temporales desde el siglo VIII; en el *Mezzogiorno*, el reino que había pertenecido durante largo tiempo a los normandos, reinaba ya la dinastía alemana de los Suabios.

La corte
Federico II tenía fama de hombre culto, hablaba incluso árabe y, en referencia a la halconería, escribió un tratado: *De arte venandi cum avibus*.

La batalla de Hastings
Tuvo lugar el 14 de octubre del año 1066, a siete millas al norte de Hastings en la Inglaterra Meridional, en una colina que obstruía el camino de la antigua calzada romana hacia Londres. Se encontraron cerca de 9 000 Sajones y 25 000-30 000 normandos, de los cuales aproximadamente 10 000 eran caballeros con armadura.

LOS ANGLOSAJONES
En la isla, que no había conocido la dominación carolingia, no existía una caballería reclutada de una base feudal. Había prevalecido el concepto germánico del pueblo, de *volk*, en el que todos los individuos eran al mismo tiempo ciudadanos y guerreros que combatían a pie.

La formación sajona
Los nobles del rey se disponían en la cima de la colina; la infantería a sus lados, de modo que formaban un muro de escudos y lanzas con una profundidad de entre diez y doce filas.

Inglaterra

Mientras en Italia y en Alemania la autoridad concentrada en la monarquía era contrarrestada por las ciudades, por el papa o por los viejos príncipes feudales, en la parte occidental de la Europa cristiana tenía lugar el fenómeno inverso. También en Inglaterra, como había ocurrido durante mucho tiempo en la Italia Meridional, reinaba una dinastía normanda. Guillermo el Conquistador (1066-1087) había subido al trono por la fuerza derrotando en la bata-

lla de Hastings (1066) al rey anglosajón Harold (1022-1066) llevando consigo a la aristocracia normanda al nuevo reino, la cual marginaría a la sajona. Esto le había permitido a Guillermo efectuar tres movimientos esenciales. El primero conservar y reforzar los derechos reales en materia de leyes, de administración y de impuestos, herencia del reinado precedente. El segundo crear, a favor de los nobles normandos, un complicado sistema de relaciones feudales que vinculaban al soberano y a sus vasallos; creó por ejemplo una

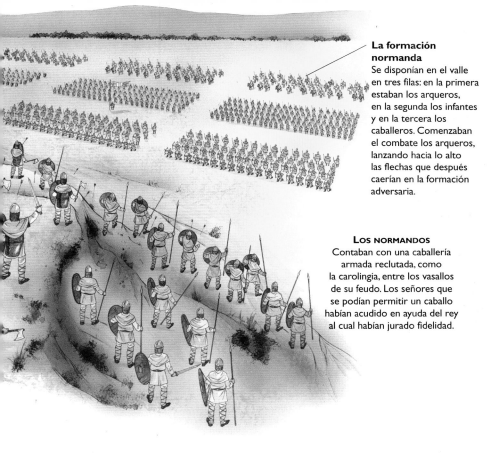

La formación normanda
Se disponían en el valle en tres filas: en la primera estaban los arqueros, en la segunda los infantes y en la tercera los caballeros. Comenzaban el combate los arqueros, lanzando hacia lo alto las flechas que después caerían en la formación adversaria.

LOS NORMANDOS
Contaban con una caballería armada reclutada, como la carolingia, entre los vasallos de su feudo. Los señores que se podían permitir un caballo habían acudido en ayuda del rey al cual habían jurado fidelidad.

caballería con los más fieles. En tercer lugar pudo organizar el reino sobre unas sólidas bases sociales y materiales, gracias también a un gran censo de hombres, tierras y rentas de los señores de la isla –el *Domesday Book*– que le permitió conocer la capacidad económica de sus propios súbditos para organizar los impuestos de una forma más eficaz y quedarse con las tierras confiscadas, creando de este modo un vasto patrimonio de tierras de la Corona. La Corona inglesa, que era muy poderosa en sus comienzos, tendió después a debi-

litarse. Los sucesores del Conquistador dieron vida a una guerra civil que duró más de veinte años (1135-1154). Esta terminó con la subida al trono de Enrique II Plantagenets, que gobernó en un territorio que comprendía además de Inglaterra, aproximadamente la mitad de Francia, cosa que más tarde contribuiría a hacer que explotase una larguísima guerra por el trono de Francia entre ingleses y franceses, conocida como la Guerra de los Cien Años. Enrique organizó el Estado pero se topó con el excesivo poder adquirido por la Iglesia en la cual los primeros reyes se habían apoyado contra los numerosos enemigos que asediaban la corona. La cruzada emprendida por Ricardo Corazón de León, hijo de Enrique II, que había obligado al rey a conceder algunos privilegios, y las guerras comenzadas por los Escoceses y los Franceses habían debilitado más tarde a la monarquía, para el bien de la Iglesia y de los barones que poseían feudos. El resultado fue la concesión en el año 1215 de la *Magna Charta Libertatum*. Con esta, el rey confirmaba los derechos y la autonomía de la aristocracia inglesa, de las iglesias y de los ayuntamientos frente al soberano. Es decir, establecía los límites al poder del rey, sujeto desde entonces en adelante al consenso de algunos órganos representativos de la aristocracia, y más tarde también de la pequeña nobleza y de la burguesía. No se trató tanto de un debilitamiento de la monarquía como del primer paso hacia el nacimiento de la futura institución del Parlamento.

Francia

Desde el año 987 la corona de Francia estaba en manos de la dinastía de los Capetos que reinaría, primero de modo directo y después a través de ramas colaterales, durante ocho siglos. El reino de Francia era una monarquía feudal, es decir, fundada en la relación de fidelidad que vinculaba al rey y a los diversos príncipes regentes de los principados territoriales.

La cuestión de las investiduras fue regulada bajo el reinado de Felipe I (1052-1108). El acuerdo con el papado y el alto clero, la posición central de los dominios en medio de los principados franceses y

**Juan Sin Tierra
(1199-1216)**
Fue él el que firmó
la *Magna Charta* que,
si por un lado garantizaba
a los barones que
los funcionarios del rey
no cometerían atropellos
con ellos, por otro lado
ratificaba la existencia
de estos funcionarios.

Asesinato en la catedral
En su trabajo de
eliminación de los
privilegios de la Iglesia, el
rey Enrique II se topó con
el arzobispo de Canterbury
Thomas Becket (1118-1170),
que después fue asesinado
en la catedral, (al lado, en
un fresco del siglo XII.
Espoleto, iglesia de los
santos Juan y Pablo) tal vez
por una instigación
del propio rey. En 1173
Becket fue proclamado
santo por el Papa.

LOS REYES TAUMATURGOS
A los reyes de Francia el pueblo
les atribuía la capacidad de curar
con las manos la escrófula,
una inflamación de los ganglios
linfáticos causada por los bacilos
de la tuberculosis.

LA GUERRA DE LOS CIEN AÑOS
Iniciada en el año 1337, la guerra, entre
otras vicisitudes, enfrentó a las coronas
de Francia e Inglaterra por el trono
de Francia. Un choque entre los tronos
más poderosos de Europa, cuyo
resultado, en el año 1453, fue la sustancial
desaparición de la presencia inglesa
en suelo francés y la confirmación
de Francia como un compacto y gran
Estado territorial. Arriba Juana de Arco,
heroína de la lucha contra los ingleses.

La escrófula
Era una enfermedad que,
atacando principalmente
a los ganglios linfáticos del cuello,
desfiguraba el rostro.

la fortuna de tener descendientes masculinos en línea directa durante mucho tiempo –lo cual aseguró la continuidad dinástica y evitó problemas de sucesión– fueron los motivos del creciente poder de la dinastía. Se debe también a la alianza con la Iglesia la idea, reafirmada en el reinado de Luis VI (1108-1137), del carácter taumatúrgico –es decir, milagroso– del poder de los reyes, considerados capaces de realizar curaciones de ciertas enfermedades y,

por lo tanto, fundamentalmente investidos de autoridad por parte del mismo Dios. Luis VI además trató de imponer su autoridad durante su reinado sobre los pequeños barones de las *Ile-de France*. Felipe Augusto (1180-1223) fue el verdadero fundador de la potencia francesa: impuso una monarquía en su interior y a Francia en el panorama europeo. El momento crucial fue la conquista en el año 1204 de Normandía, que estaba en manos inglesas. En la lucha contra la here-

La palangana
Después de haber tocado al enfermo, el rey se lavaba las manos en una palangana, cuya agua se consideraba milagrosa.

Luis IX
Por sus virtudes morales y religiosas fue proclamado santo en el año 1289 por el papa Bonifacio VIII.

jía cátara, que tenía su centro en la ciudad de Albi (1209-1229), también sometieron Languedoc y la autoridad del reino de Francia se extendió hasta el sur del Loira. Esta ampliación progresiva de los confines del reino de Francia dio origen, con Luis IX (1214-1270), a la formación de una burocracia encargada de administrar estos territorios, que con el tiempo se impuso a los poderes locales. Fue una firme evolución de la monarquía a partir de la vieja red de vínculos vasallo-feudales.

España

La península Ibérica había sido colonizada desde el siglo V por los visigodos cuyo sistema político se había debilitado también a causa de la práctica –común a las dinastías francas de los merovingios y de los carolingios– de dividir el reino entre los herederos de los soberanos. Lo que sin embargo había caracterizado profundamente la península Ibérica fue la presencia musulmana a partir del siglo VIII. La conquista musulmana dio origen a

Valencia
En el año 1094, después
de algunos años de asedio,
el Cid había conseguido
apoderarse del emirato
de Valencia. En el año 1099
los árabes sitiaron
la ciudad en un intento
de reconquistar
la que había sido
capital del emirato.

El cuerpo del Cid
Durante una ofensiva,
el Cid había sido herido
de muerte. Para no
desmoralizar a la tropa,
algunos compañeros
del Cid unieron
el cadáver a su caballo.

El terror de los árabes
La aparición del cuerpo del Cid en el campo de batalla sembró el pánico entre los árabes que se dieron a la fuga considerando que tenían ante ellos a un fantasma invulnerable.

EL CID CAMPEADOR
Es el nombre legendario del guerrero castellano del siglo XI Rodrigo Díaz de Vivar. Su figura de héroe de la cristiandad contra los árabes y de modelo de virtud caballeresca está rodeada de misterio. Sus gestas constituyen el argumento de diversos poemas y poemas cortos de carácter épico de la literatura española.

una construcción política con capital en Córdoba, que no logró nunca abarcar toda la Península: quedó libre una franja de territorio en el noroeste, donde se mantuvieron algunos pequeños reinos cristianos. El más poderoso de estos reinos fue, en el siglo XI, el de Navarra, durante el reinado de Sancho III el Grande que, en cierto momento, llegó a reunir bajo su dominio a toda la España cristiana. Cuando murió, en el año 1054, el reino se dividió entre sus hijos. Uno de estos reinos, el de Castilla y León, se convierte en el Estado cristiano más fuerte y, junto a Aragón, el que dirige la Reconquista contra los árabes. Castilla llegó a controlar más de la mitad de la península Ibérica y fue transformada en una poderosa monarquía por Alfonso X (1252-1284). Aragón, que había concentrado su poder en la parte meridional, dio vida a un duradero y gran imperio marítimo en el Mediterráneo. Con el avance de la Reconquista se formaron otros Estados: Portugal fue independiente a partir del año 1139. La Reconquista concluiría en al año 1492 con la caída del último reino musulmán. Al-Andalus, es decir, la España islámica, fue un importantísimo centro de civilización, de actividad intelectual y artística, de filosofía y de ciencia, principalmente entre los siglos X y XIII; mientras que desde el punto de vista político osciló entre la división en pequeños reinos locales y el dominio de las dinastías musulmanas de África que, en un determinado momento, durante el siglo X, comenzaron a desembarcar en Europa para ayudar a sus hermanos atacados por los estados cristianos.

HACIA UNA POLÍTICA MUNDIAL

El fin del Imperio bizantino y la reorganización otomana del mundo islámico, al final del Medievo, cambiaron la escena mundial. China y los reinos africanos prosperaban, y Europa comenzaba la época de los descubrimientos y de la conquista.

La crisis del Imperio bizantino

Al final del siglo XI Constantinopla era una espléndida metrópoli de un millón de habitantes (Roma, en aquella época, tenía menos de treinta mil), encrucijada de mercancías y de hombres entre Europa, Asia y África. Inexpugnable, defendida por un lado gracias al mar y por el otro mediante su muralla defensiva hacia el interior, la cual ya habían tratado en vano de expugnar hunos, ávaros, búlgaros y árabes. Los emperadores siempre habían rechazado eficazmente a los invasores pero no habían logrado contener algunos factores de disgregación. Siempre habían sido dos los elementos que habían constituido la fuerza del Estado: la presencia de una clase

LA LITURGIA BIZANTINA
Era una exaltación de colores y de luz; el Cristo era representado triunfante y no crucificado como en las iglesias latinas.

El patriarca de Constantinopla
Era el guía de la Iglesia bizantina, el segundo personaje por importancia después de la *sacra persona* del emperador. En el siglo X gobernaba una Iglesia organizada en 57 metrópolis, 49 arzobispados y 514 obispados.

El monacato
En el mundo bizantino los monasterios, lugares píos, de oración y de ascetismo, tenían una gran autoridad. Por ejemplo no pagaban impuestos al Emperador. La comunidad monástica más célebre había surgido a partir del siglo VIII en el monte Athos, en Grecia.

numerosa de campesinos-guerreros preparados para defender sus propias tierras y una marina aguerrida. Desde el año 1000 en adelante estos elementos empezaron a faltar progresivamente. La mayoría del ejército estaba formada por mercenarios, a menudo selyucidas, musulmanes o normandos. Esto había atraído sobre los bizantinos el desprecio de Occidente en el que entonces era muy fuerte el ideal del caballero que defiende al débil; además el Imperio, cuyo único

cargo hereditario había sido hasta entonces el imperial, había acabado cada vez más en las manos de unas pocas familias ricas que se habían apropiado de algunas funciones clave del Estado, las cuales se hicieron después a su vez hereditarias. Además, desde el año 1054 la cristiandad greco-bizantina se había separado de la latina a causa de complicadas divergencias doctrinales y por el rechazo de los orientales a reconocer el primado espiritual del papa de Roma.

Los curas bizantinos
No estaban obligados al celibato. Sin embargo los obispos, que eran monjes, no se podían casar.

El iconostasio
Separa al clero de los fieles y está ricamente decorado con imágenes sagradas denominadas iconos.

El paso de los ejércitos occidentales que se dirigían hacia Tierra Santa a causa de las Cruzadas había creado problemas a los emperadores bizantinos y fue el origen de tensiones con los grandes señores feudales europeos que no querían prestar juramento al emperador ni ceder a los griegos las tierras conquistadas. En 1204 Constantinopla fue asediada por un ejército cruzado que se dirigía hacia Tierra Santa, financiado por los venecianos. Se originó un «imperio latino» que duró hasta el año 1261.

El Occidente cristiano marginaba cada vez más al Oriente bizantino, que se reducía a Grecia y a las conquistas de la lenta pero inexorable expansión del Imperio de los otomanos.

El Imperio otomano

En el siglo XIII, el equilibrio del mundo islámico, al menos en su parte oriental, fue roto por un nuevo ciclo de invasiones realizadas por turcos y mongoles. En 1258 estos conquistaron Bagdad poniendo de este modo fin al secular califato abasida. Una vez convertidos al islam fueron asimilados por la sociedad musulmana que entre tanto había cambiado profundamente respecto a sus orígenes. El abandono de las obras de riego y la apertura de nuevas rutas comerciales ya habían hecho que decayesen las ciudades de Iraq: los centros más importantes de la civilización musulmana ahora estaban más al Este, en Persia, o más al Oeste, hacia el valle del Nilo. El Oriente musulmán, con la mediación persa, daba vida a un espléndido florecimiento poético, arquitectónico y miniaturista; el Occidente musulmán conservaba las tra-

EL ESTADO OTOMANO
Tuvo su origen a partir de uno de los principados que los invasores turcomanos habían creado en Anatolia; aquel que dirigía Osman u Othman (1259-1326). Los osmanlíes u otomanos ampliaron su territorio a costa del Imperio bizantino gracias a una fuerza militar muy organizada. La primera ciudad europea en ser conquistada por los otomanos fue Gallipoli en 1354.

Turcos y mongoles
Originarios de las mismas regiones, tenían una táctica y un armamento similares. Los arqueros a caballo eran de tradición mongola.

Los jenízaros
Es un cuerpo de infantería fundado al final del siglo XIV. Eran reclutados de entre los chicos cristianos, se los arrebataban a sus familias y los educaban e instruían siguiendo los principios islámicos.

diciones jurídicas, literarias y místicas más destacadamente árabes.

En Oriente Medio penetraron los invasores turcomanos y se unieron a la sultanía de los Selyucidas, ya presentes desde el siglo XI en Iraq. Estos organizaron en Anatolia, la actual Turquía, una serie de anexos territoriales que presionaron al Imperio bizantino. En uno de estos territorios se atrincheró la dinastía de los Otomanos que, al final del siglo XIV, subyugó toda Anatolia y los Balcanes. De ahí en poco tiempo conquistaría Constantinopla.

Los mongoles

Eran nómadas de las estepas asiáticas que vivían en tierras áridas y eran relativamente poco numerosos. Hombres de las tribus turcas entraron a formar parte, desde la época de Gengis Khan (1167-1227) de sus ejércitos hasta que en la armada mongola los turcos fueron más numerosos que los propios mongoles. Sus conquistas se llevaron a cabo en cuatro fases. La primera fue la de Gengis Khan que extendió su imperio desde Pekín, en China, hasta el río Volga.

La segunda fue dirigida por su hijo Ögödäi (1185-1241) que llegó hasta Polonia, pero sin conquistarla.

La tercera fue la de Qubilai (1214-1294), que completó la conquista de China, y de su hermano Hulagu (1217-1265), que en 1258 destruyó Bagdad, capital del Imperio abasida, junto a los turcos. Qubilai entró también en Damasco (1260) pero el sultán mameluco Baibars, que había acudido desde el Cairo, le obligó a retirarse.

El último asalto lo llevó a cabo Tamerlán (Timur Lang, es decir «Timur el Cojo»), que después se convirtió al islam.

El dominio de los mongoles, habilísimos y fieros caballeros, disciplinados y bien organizados, fue relativamente breve. En realidad no lograron dar vida a una civilización original y duradera sino que más bien señalaron el fin de una época. Desde

Gengis Khan
Reunió en torno a sí a los diversos clanes de mongoles que lanzó a la conquista de un vasto imperio entre 1226 y 1227.

el amanecer de la civilización, los pueblos agrícolas habían vivido siempre bajo la amenaza de las incursiones de los pueblos nómadas, cuyo modo de vida ayudaba a desarrollar y requería una notable fuerza física. Pero, precisamente durante la invasión mongola, se inventó la pólvora y las armas de fuego: las batallas ya no se decidirían sólo por la fuerza bruta. Durante los siglos sucesivos, Rusia y China, las dos naciones que habían sido más devastadas por las invasiones de los pueblos nómadas, supieron parar, de una vez por todas, a los belicosos nómadas de la estepa.

China

Habíamos hablado de China hasta el siglo IX, cuando reinaba la dinastía de los T'ang, que la había hecho alcanzar una fuerte unidad política y una dilatada prosperidad. En el año 907 los T'ang habían desaparecido y China se había desmembrado

Un campamento mongol
Los mongoles tenían un ejército temible, dotado de una eficiente caballería, resistente al cansancio y muy bien disciplinado.

Hábiles caballeros
Los mongoles montaban pequeños caballos veloces y resistentes. Recorrían grandes distancias nutriéndose sólo de carne seca.

Qubilai Khan (1214-1294) Nieto de Gengis Khan fue el fundador de la dinastía mongólica Yüan, que gobernó en China desde 1280 hasta 1368.

Marco Polo (1254-1324) Nacido en Venecia en el seno de una familia de comerciantes y viajeros, recogió en una célebre obra, el *Millón*, la narración de veinte años de estancia en Asia.

en diez estados regionales, que se reunificaron sólo unos decenios más tarde, entre el año 960 y el año 979, con la dinastía de los Sung. Los Sung habían perdido algunos territorios y dado vida a un estado menos organizado que el T'ang, más receloso hacia los extranjeros y debilitado por las luchas internas. De 1127 a 1279, tras la invasión de China Septentrional por parte de los Chin, los Sung habían gobernado sólo en la parte central y meridional. A pesar de ello, la prosperidad económica había seguido en aumento. Entre el año 750 y el año 1000 la población se había duplicado llegando a cerca de 100 millones de habitantes. La capital de los Sung, Hangchow en esa época, era probable-

MARCO POLO EN CHINA
En 1278 Marco Polo participó
en la solemne celebración del Año
Nuevo chino en la corte
de Qubilai Khan. Al emperador
le ofrecieron presentes como
vajillas de oro y de plata, perlas,
lujosas alfombras...

La corte
En el palacio imperial
se agolpaban barones
y caballeros,
gobernadores de
provincia, oficiales
del ejército, astrónomos
y astrólogos, maestros
halconeros y embajadores
de reinos lejanos.

mente la mayor metrópoli del mundo. Las artes figurativas, la literatura, la filosofía, la ciencia y la tecnología alcanzaron niveles altísimos. Se difundió la instrucción, favorecida también por el desarrollo de la imprenta, que todavía no era de caracteres móviles como luego ocurriría en Europa durante el siglo XV –dados los miles de ideogramas de la lengua china–

sino de tablas de madera grabada. La sociedad se transformó. En las ciudades mayores se formó una clase media rica y refinada que patrocinó el teatro popular y la novelística. Un sistema de exámenes de Estado para el reclutamiento de los funcionarios públicos garantizó que fuese administrado por burócratas de carrera, más competentes que la antigua aristocracia. Los comerciantes se hicieron muy ricos y se creó una compleja organización financiera con bancos, bonos de crédito y papel moneda. En el campo se constituyeron grandes propiedades trabajadas por arrendatarios y braceros.

La invasión mongola, entre 1271 y 1280, llevó al trono chino a la dinastía mongola de los Yüan. Para China, cuya civilización era agrícola y de residencia estable, el dominio de los mongoles, caballeros nómadas, constituyó un trauma. Dejaron que se deterioraran canales, diques, carreteras, puentes... Sólo en 1368, con el ascenso al poder de la dinastía de los Ming, China se recuperaría. Ciertamente el dominio mongol había llevado todo el mundo euroasiático a un período de tranquilidad. Fue precisamente en este período cuando se reanudaron los contactos y los viajes caravaneros entre Occidente y Oriente.

TUMBUCTÚ
Era la capital del Imperio de Malí, uno de los más vastos y ricos imperios africanos entre el siglo XIII y el XVI. Centro cultural y ciudad comercial que acogía las caravanas cargadas de cobre, sal y manufacturas que se canjeaban por granos de oro; África fue el principal abastecedor de las civilizaciones mediterráneas antes del descubrimiento de América.

Las viviendas
Las más importantes eran de forma geométrica y con el tejado a modo de terraza.

El África musulmana y subsahariana

Desde las épocas más remotas el África Septentrional se había insertado en el gran circuito de las relaciones comerciales y culturales con el mundo mediterráneo. Sin embargo, no se puede decir lo mismo del África al sur del Sáhara. El desierto ha constituido siempre una barrera, una especie de océano de arena, entre el mundo mediterráneo y el África Negra. Entre el siglo X y el siglo XVI surgieron en Egipto una serie de estados gobernados por dinastías musulmanas: los fatimitas, los ayubidas y los mamelucos. El dinamismo comercial de estos reinos, que llegó a abarcar el Mar Rojo y el Mar Arábigo, había constituido la base económica para la recuperación del Imperio cristiano de Etiopía.

Ya en el año 1000 el Magreb –África noroccidental– era islámico desde hacía más de tres siglos y era la sede de los grandes Imperios bereberes de los almoravides y de los almohades.

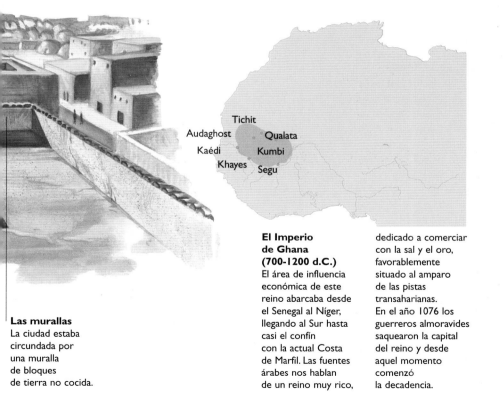

Las murallas
La ciudad estaba circundada por una muralla de bloques de tierra no cocida.

El Imperio de Ghana (700-1200 d.C.)
El área de influencia económica de este reino abarcaba desde el Senegal al Níger, llegando al Sur hasta casi el confín con la actual Costa de Marfil. Las fuentes árabes nos hablan de un reino muy rico, dedicado a comerciar con la sal y el oro, favorablemente situado al amparo de las pistas transaharianas. En el año 1076 los guerreros almoravides saquearon la capital del reino y desde aquel momento comenzó la decadencia.

En el período entre los siglos XI y XVI el islam se difundió hacia el Sur: navegando aguas arriba el curso del Nilo hasta los reinos cristianos de Nubia, a lo largo de las costas del Cuerno de África (que está frente a la Arabia Meridional) y a través del Sáhara, en la franja sudanesa del río Senegal al Nilo. Los musulmanes atravesaron el Sáhara como mercaderes y viajeros desplazándose de un oasis a otro. Artículos de lujo (y después armas de fuego) y sal se canjeaban con los musulmanes por oro y esclavos principalmente. Hacia el siglo XIII las economías de Oriente Medio y de la Europa cristiana dependían del oro de África.

Este desarrollo del comercio había favorecido el que surgieran varios estados en la franja sudanesa. Dos de los más grandes fueron el reino de Ghana, que floreció del siglo VIII al siglo XIII y el de Malí, en la cima de su esplendor en el siglo XIV. Es más, mientras Europa atravesaba un período de decadencia a causa de la peste y de la Guerra de los Cien Años entre Franceses e Ingleses, algunos reinos africanos eran famosos en particular en el mundo musulmán por el esplendor de sus ciudades circundadas por murallas. En Tumbuctú y en Djenné florecían universidades que atraían a estudiosos y poetas. En general, África, donde no habían llegado aún los europeos, estaba formada por estados de grandes dimensiones: la soberanía de los reyes de estos territorios se mantenía por una mezcla de fuerza militar y alianzas diplomáticas con los príncipes locales. Los magistrados regios administraban la justicia y una especie de burócratas el tesoro público y el comercio. La tendencia de

EL ISLAM EN ÁFRICA

Hace casi mil años, los ibaditas, pertenecientes a una secta disidente del islam, fueron expulsados de Iraq. Después de diversas vicisitudes llegaron finalmente al desierto norafricano. Aquí, en un valle pedregoso, edificaron algunas ciudades espléndidas. Una de estas ciudades es Gardaya, etapa del gran comercio que atravesaba el Sáhara.

El mercado
En las comunidades ibaditas no estaba al lado de la mezquita como en las ciudades árabes tradicionales. En él entraban en contacto con los mercaderes, extraños en la comunidad.

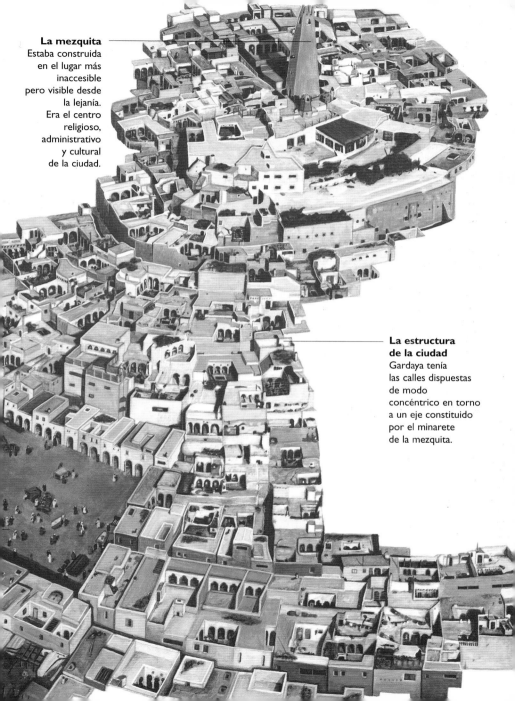

La mezquita
Estaba construida en el lugar más inaccesible pero visible desde la lejanía. Era el centro religioso, administrativo y cultural de la ciudad.

La estructura de la ciudad
Gardaya tenía las calles dispuestas de modo concéntrico en torno a un eje constituido por el minarete de la mezquita.

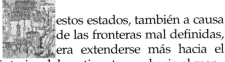

estos estados, también a causa de las fronteras mal definidas, era extenderse más hacia el interior del continente que hacia el mar.

Hacia la Edad Moderna

África constituyó la dirección de la expansión portuguesa a partir del siglo XV. El fin de la dominación pacificadora de los mongoles en Asia y el avance de los tur-cos a la costa del Imperio bizantino habían interrumpido las rutas caravaneras con Oriente y habían roto el dominio de Occidente sobre el Mediterráneo Oriental. En 1453 Constantinopla fue conquistada por el sultán otomano Mahoma II (1451-1481). El secular Imperio romano de Oriente, reducido a un territorio muy pequeño desde hacía tiempo, dejó de existir. Gracias a la huida de los griegos

La flota otomana
Naves turcas lograron entrar en el Cuerno de Oro por vía terrestre, las hicieron deslizarse sobre troncos de madera, superando la península de Pera, desde el lugar en que las aguas estaban obstruidas por una enorme cadena tirante situada de lado a lado del estrecho.

LA CONQUISTA DE CONSTANTINOPLA
El 29 de mayo de 1453 las tropas otomanas dirigidas por Mahoma II (aprox. 1432-1481) entraron en Constantinopla y la sometieron a tres días de saqueos.

hacia Italia pudo nacer, en el siglo XV, la civilización del Renacimiento. Los portugueses esperaban encontrar por vía marítima, circunnavegando África, una ruta hacia Oriente y de este modo se aventuraron cada vez más al Sur en busca de oro, especias y esclavos.

La misma motivación impulsaría a los españoles a convenir un crédito y financiaciones para el proyecto de Cristóbal Colón de llegar a Oriente navegando hacia Occidente.

Las iniciativas de españoles y portugueses, rápidamente imitadas por otras naciones europeas, Francia e Inglaterra en particular, llevarían poco a poco al viejo y al nuevo continente a una economía mundial.

Ya estaban a las puertas de la Edad Moderna.

El cañón
La potente artillería de asedio permitió a los turcos expugnar las murallas de la ciudad.

Índice analítico